D1825955

DICHTERWETTSTREIT *deluxe*

© 2024 Dichterwettstreit deluxe, Villingen-Schwenningen
www.dichterwettstreit-deluxe.de/impressum

Satz & Lektorat: Elias Raatz & Annika Siewert
Design & Umschlaggestaltung: T-Sign Werbeagentur
Coverillustration: Barbara Gerlach
Druck: BOD GmbH, Norderstedt

ISBN: 978-3-98809-025-6
ISBN E-Book: 978-3-98809-026-3

www.dichterwettstreit-deluxe.de

Elias Raatz (Hrsg.)

VON
LANDEIERN
UND
GROSSTADT-
PFLANZEN

24 Geschichten, Gedichte, Gedanken
über Heimat, Identität und Zuhause

DICHTERWETTSTREIT *deluxe*

THEMEN
BAND 05

Herausgegeben von Elias Raatz

Der 1997 geborene Moderator, Autor und Künstler Elias Raatz ist Gastgeber diverser Kleinkunstveranstaltungen und versammelt mit dem Dichterwettstreit deluxe regelmäßig Slam Poet*innen auf Bühnen sowie in Büchern. Als kreativer Tausendsassa liebt er geschmunzelt-frönenden Eskapismus, bitterböse Satire und eine gesunde Portion Stumpfsinn, die er mit viel Meinung sowie aktuellem Zeitgeschehen anreichert. Voller Leidenschaft werden die großen und kleinen Themen durchdiskutiert, bis sich die Leser*innen auf dem schmalen Grat zwischen Realität und Wahnsinn, zwischen Seitenhieb und Selbsterkenntnis, ihr letztes Urteil bilden. Elias Raatz studierte Medienwissenschaften und Germanistik in Tübingen, wo er auch lebt.

Mehr unter: www.elias-raatz.de

Inhalt

Mehr unter: www.elias-raatz.de

Vorwort:
Von Landeiern und Großstadtpflanzen
Von Elias Raatz

Heimat – ein Wort, für das es nur in wenigen anderen Sprachen eine Entsprechung gibt. Doch was bedeutet Heimat wirklich? Ist sie ein Ort, sichere Zuflucht, eine Erinnerung, ständige Sehnsucht, ein Gefühl? Wo fühlen wir uns zuhause, während wir zwischen den Lichtern der Großstadt und den Weiten des Landes ständig in Bewegung sind?

In „Von Großstadtpflanzen und Landeiern" gehen verschiedene Autor*innen und Bühnen-poet*innen der Heimat auf den Grund. Ohne allgemeingültige Antworten zu liefern, entdecken wir gemeinsam, was Heimat aus verschiedenen Perspektiven bedeuten kann. Zwischen poetischen, eindringlichen und humorvollen Texten sind wir auf der Suche, finden und erfinden neu. Dabei offenbaren sich einzigartige Einblicke in das, was es heißt, sich zugehörig zu fühlen. Was es heißt, zuhause zu sein. Was es heißt, im Kaleidoskop der Gefühle etwas Heimat zu nennen. Ein Muss für alle, die sich auf eine Entdeckungsreise zu den Wurzeln des Menschseins begeben wollen.

Ich wünsche Ihnen viel Freude beim Lesen und gute Unterhaltung. Bleiben Sie glücklich!

Ihr Elias Raatz

Annika Hofmann

Annika Hofmann (*1996 in Hanau) steht seit ihrer frühen Kindheit leidenschaftlich gern auf Theaterbühnen. Mit dem Deutschunterricht ist ihre Liebe zur Lyrik entflammt. 2015 brachte sie diese Begeisterung auf die erste Poetry Slam-Bühne – und von dort nicht mehr weg. Seitdem arbeitet sie als Spoken Word-Künstlerin, Schauspielerin, Sprecherin und gibt Workshops.

Wenn Annika nicht gerade auf einer Bühne steht, an einem neuen Gedicht schreibt oder ein kreatives Projekt plant, nimmt sie ein sprudelndes Schaumbad, kuschelt mit ihren flauschigen Katzen, malt Bilder mit Blattgold oder ist am Tanzen.

Mehr unter: www.annikaspoesie.de

Heimatlos
Von Annika Hofmann

Vielleicht hast du dich auch schon einmal gefragt, was sich hinter dem Begriff „Heimat" versteckt. Ich habe das vor kurzem gemacht und schließlich entdeckt: „Heimat", das weiß scheinbar jeder, was das ist.

Aus der Füllfeder, die sich sehr oft Social Media nennt, liest du so einiges, was Heimat eigentlich sein soll. Und dabei ist es doch großartig, wenn das für andere so einfach ist…

Heimat ist ein Ort.
Doch was ist, wenn dort jetzt jemand anderes lebt?
Wenn dort kein Stein mehr auf dem anderen steht?
Bist du dann heimatlos?

Heimat ist ein Wort.
Aber was ist, wenn Deutsch nicht deine Muttersprache ist? Was ist, wenn es das Wort nicht einmal in deiner Sprache gibt?
Bist du dann heimatlos?

Heimat ist Kindheit.
Aber was ist, wenn du in dieser deine Heimat verlassen hast? Was ist, wenn du statt an einem vertrauten Ort plötzlich an zwei neuen bist zu Gast?
Bist du dann heimatlos?

Heimat ist da, wo du als Erstes warst.
Aber was ist mit dem Fakt, dass es immer jeman-
den vor dir gab? Dass sich an den Orten, die du sehen wirst, bereits ein anderer auf die Reise begab?
Bist du dann heimatlos?

Heimat ist, wo sich WLAN automatisch verbindet.
Aber was ist, wenn dort jemand lebt, der so gar
nichts mehr für dich empfindet? Was ist, wenn das
einst eingegebene Passwort das Einzige ist, das
euch noch verbindet?
Bist du dann heimatlos?

Heimat ist kein Ort, sondern ein Gefühl.
Aber was ist, wenn du im Gedankengewühl nicht
sagen kannst: „Home is where my heart is." Weil
du nicht weißt, „where the heart" ist.
Bist du dann heimatlos?

Heimat, das sind Menschen.
Aber was ist, wenn du froh bist, wenn sich mal keiner beschwert? Wenn Menschennähe das ist, was
dir dein Heimatgefühl verwehrt?
Bist du dann heimatlos?

Heimat ist alles, aber auf jeden Fall schön.
Aber was ist, wenn deine Heimat mal schön war?
Was ist, wenn das einzige Wort, das du heute dafür
findest, lautet: „furchtbar".
Bist du dann heimatlos?

Heimat in diesem Land ist für uns eben normal. Aber was ist, wenn das nicht normal, sondern ein Privileg ist? Und was ist, wenn ein Privileg nur besteht, wenn es für andere nicht so ist?

Bist du dann heimatlos?

Heimat ist Orientierung.
Aber was ist, wenn dich dieser ausgeworfene Anker zu fest hält? Was ist, wenn du durch ihn nicht ausfliegen kannst und es dich immer dort festhält?

Bist du dann heimatlos?

Bist du heimatlos, weil dein Empfinden in keine Definition passt? Vielleicht ist es einfach nur schwer, Dinge greifbar zu machen, die du nicht zu greifen schaffst.

Im wahren Leben ist die Frage doch nicht, was sich hinter der Begrifflichkeit „Heimat" befindet, sondern wo du sie findest. Denn selbst das so individuell zu betrachtende Wort wurde auch nur erfunden. Ich habe meine Heimat hier gefunden:

Wenn meine Katze ihre Nase
unter meine Bettdecke steckt.
Wenn meine beste Freundin mich
mit einem Spaziergang im matschigen Feld neckt.

Wenn eine dicke Badekugel
in meiner Wanne zischt.

Wenn einem zunächst Fremden
ein Lächeln entwischt.

Wenn ich mich
am windigen Meer erfrische.
Wenn ich einer lieben Person
eine Träne abwische.

Wenn mich auf neuen, steinigen Wegen
eine Blume aus dem Boden anstrahlt.
Wenn eine kalte Cola
für meinen Durst bezahlt.

Wenn eine vertraute Melodie
mein Herz zum Hüpfen bringt.
Wenn meine Familie „Happy Birthday"
unfassbar schief singt.

Wenn ich mir vertraute Orte
nach längerer Zeit wieder betrete.
Wenn ich zu meinem
Heimatschenker bete.

Wenn ich einen mit Stift auf Papier
geschriebenen Brief erhalte.
Wenn sich Worte in anderen
Gedankenkreisen entfalten.

Wenn eine Kerze ausgeht
und der Geruch davon die ganze Wärme enthält.

Wenn ein geliebtes Detail
volle Aufmerksamkeit erhält.

Wenn ich im Kühlschrank
Zartbitterschokolade ergrabe.
Und, wenn ich Heimweh habe.

Ich glaube, das hat jede*r schon mal gehabt. Das
zarte oder heftige Gefühl des Vermissens deutet an,
was du liebgewonnen hast.

Mathe ist nie mein Heimatfach gewesen und ich
glaubte bis zum jetzigen Zeitpunkt auch an keinerlei
Anwendbarkeit im realen Leben oder dergleichen.
Aber ein Grenzwert ist das, was immer stärker gegen einen Wert strebt, ohne ihn zu erreichen.

Wenn deine Heimat dieser Punkt ist, dann bist
du die Person, die eine Wahl trifft: Du kannst den
Fokus auf diesen Punkt legen und dich für immer
heimatlos nennen. Oder du kannst dich dazu beken-
nen, dass Heimat das ist, wovon jeder Schritt in eine
andere Richtung in die Ferne führt. Und dann hast
du Heimweh. Dann musst du deine Heimat nicht
suchen, denn dann wird sie von sich aus versuchen,
dich zu finden.

Evelyn Krutsch

Evelyn Krutsch (*2001) realisierte in ihrem Heimatdorf im Nordschwarzwald schnell, dass sie sich ein intensivfesselndes Hobby suchen muss, um der Langeweile zu entfliehen. Da sie mathematisch so talentiert ist wie ein kaputter Taschenrechner, fiel die Wahl auf Sprache und alles, was mit ihr einhergeht. Egal ob beim exzessiven Lesen, bei der Regie von Theaterstücken oder beim Schreiben: Der Klang der Worte fasziniert Evelyn Krutsch schon ein Leben lang. Seit 2022 bringt sie diese Begeisterung auch auf Bühnen zum Ausdruck. Ganz nach dem Motto: Es wird das geschrieben, was nachts wachhält und tagsüber träumen lässt.

Mehr unter: @evelyn_krutsch auf Instagram

Privet und Guten Tag
Von Evelyn Krutsch

Privet und Guten Tag
Ich würde mich gerne vorstellen
Ich bin Evelyn
Und aufgewachsen bin ich zwischen zwei Welten
Zwischen zwei Sprachen
Zwischen Pelmeni und Maultaschen
Und zwischen zwei Identitäten
Identitäten, die ich dir gerne beschreiben würde
In Worte fassen
Doch würd' ich versuchen
Dir ein Bild davon zu malen
Würde mir keine Farbpalette der Welt reichen
Und kein Papier wäre groß genug
Scheitern würde ich schon
Beim Ansetzen des Stiftes
Denn die Klänge
Und Kindheitserinnerungen
Und Kopfbilder
Vermag ich nicht zu malen

Es ist komplex, ganz gewiss
Doch die Komplexität
Ist nicht der Grund meines Scheiterns
Denn wessen Identität ist schon einfach?
Vielmehr ist es das verwirrt-Sein
Das Ungreifbare
Das mich stocken lässt

Privet und Guten Tag
Ich würde mich gerne vorstellen
Aber ich kann es eigentlich gar nicht
Ich weiß nicht, wie ich mich beschreiben würde
Ich weiß irgendwie so ziemlich gar nichts
Neu ist das Ganze nicht – denn
Identitätskrise, wer hat sie nicht?
Doch meine beschränkt sich nicht
Auf Charakter
Meine fängt beim Land an
Und hört bei der Sprache auf

Lass mich erklären:
Zum ersten Mal bemerkte ich, dass ich anders bin
Als ich mein Pausenbrot auspackte
Sorgsam gewickelt in Alufolie
Statt in Tupperdosen
Alufolie, die verräterisch knisterte
Wenn ich im Unterricht
Hunger hatte
Und dicke Scheiben Wurst
Statt dünne Scheiben Lyoner
Auf dem Brot

Lass mich erklären:
Ich merkte es, als ich wütend wurde
Weil meine deutschen
Mitschüler und Mitschülerinnen
Eine Eins bekamen
Und ich „nur" eine Zwei

Es war nicht so, als würde ich es ihnen nicht gönnen
Ich fand es nur unfair
Denn es waren Arbeiten
Die von Eltern korrigiert wurden
Während bei mir Worte angestrichen wurden
Die ich beim Lesen gelernt hatte
Worte, die auf russischen Zungen nicht weilten
Und ich mir neu erschließen musste

Aus Scham fing ich irgendwann mal an zu sagen
Ich sei nur Deutsch
Das erste Mal, als mich der Nachbarsjunge fragte
Ob der Grund für meine blauen Augen
Vodka trinken in der Schwangerschaft sei
Und ein weiteres Mal, als die Deutschlehrerin sagte
Es sei verwirrend zwei Sprachen zu sprechen
Der Grund für schlechte Noten

Ich sagte also recht schnell, ich sei Deutsch
Obwohl ich mich nie Deutsch gefühlt habe
Obwohl mich Dinge verwirrten
Wie die Reihenfolge
Erst Kuchen und dann warmes Essen
Bei Kindergeburtstagen
Obwohl mich verwirrte warum
Niemand außer mir
Am Fototag in der Schule
Aufwendig geflochtenes Haar und Kleider trug
Obwohl ich neben KiKa und Super RTL
Sowjetische Kinderfilme kannte

Und obwohl meine Familienfeiern
Ungefähr doppelt so viele Stühle brauchten
Als die von meiner deutschen Freundin

Doch wenn ich nicht deutsch bin
Was bin ich dann?
Russisch hab' ich mich nie bezeichnet
Meine Zunge und meine Augen
Stolpern über Redewendungen
Über Wortendungen
Die für mich keinen Sinn ergeben
Und über anders aussehende Buchstaben
Die ich nur langsam lesen kann
Und die zu Neologismen werden
Die weder die eine Sprache noch die andere sind
Aufgewachsen bin ich hier
Birkenstocks schmücken im Sommer meine Füße
Und Schnitzel find' ich genauso gut wie Schaschlik
In meinem Träumen redet jeder deutsch
Und am Tag eben auch

Du hast es mir nie gesagt
Und doch steht es zwischen uns
Es ist ein Gefühl, das ich in mir trage
Ich bin nicht wie du
Du bist nicht wie ich
Ich bin nicht deutsch genug
Hier
Und dort
Bin ich nicht russisch genug

Privet und Guten Tag
Ich würde mich gerne vorstellen
Aber wie du gemerkt hast, weiß ich nicht wie
Aufgewachsen bin ich zwischen zwei Welten
In einer Welt
Die ich mir teile
Mit den Kindern der Eltern
Die mit meinen nach Deutschland kamen
Mit den Kindern, denen hier und da
Das rollende R rausrutscht
Während sie Redewendungen im Kopf übersetzen
Die es so bei unseren Freunden nicht gibt
Mit den Kindern, die in den Genuss
Von Spätzle und Kartoffelsalat
Erst in der Mensa kamen
Die, die mit mir tanzen zwischen zwei Welten
Zwei Sprachen und
Zwei Identitäten

Privet und Guten Tag
Ich bin Evelyn
Und seit meiner Kindheit
Bin ich zwischendrin
Zwischen Schaschlik und Schnitzel
Pelmeni und Maultaschen
Zwei Weihnachtsfeiern
Zwei Heimaten
Die sich mischten
Und zu meinen ganz eigenen wurden
Und das ist wunderschön

Essay zum Heimatbegriff
Von Elias Raatz

Vorwort:

Seit am 15. April 2023 das letzte aktive deutsche Kernkraftwerk in Neckarwestheim abgeschaltet wurde, klagt ein mir liebgewonnener Bekannter aus der Region um Heilbronn: Als der Berufspendler früher seiner Heimat über die Autobahn A81 näherkam, lotste ihn die Rauchfahne des AKW quasi nachhause. Für ihn ist das Kernkraftwerk beziehungsweise eher dessen Rauchfahne mit seiner Heimat verschmolzen – und wird nun vermisst.

Ein doch sehr unscharfer Begriff und ein komisches Konzept, diese Heimat. Was genau bedeutet Heimat? Und was hat das eigentlich mit mir zu tun? Gibt es nur eine Heimat oder gleich mehrere Heimaten? Was bedeutet Heimat in einer Zeit, in welcher der Begriff ideologisch und identitätspolitisch zweckentfremdet wird? Und ist die Suche nach Heimat eigentlich nur die Suche nach uns selbst?

Diesen und weiteren Fragen möchte ich im Folgenden bestmöglich unterhaltsam aufbereitet (jedoch gleichwohl nach wissenschaftlichem Konsens ausgearbeitet und argumentativ angereichert) nachgehen. Schauen wir mal, was wird.

Heimat.

Für mich ist Heimat ein Begriff, der mit vielen Gefühlen verbunden ist. Ich erinnere mich beispielsweise nostalgisch an meine Kindheit oder mein Elternhaus und empfinde ein gewisses Gefühl der Geborgenheit, wenn ich an meine Heimat denke. Gleichzeitig fallen mir bei dem Begriff aber auch direkt Radikale vom politisch rechten Rand ein, die ihre „Heimat" („deutsches Blut" auf „deutschem Boden") vor allem Fremden beschützen.

Begriffsgeschichte.

Bis ins 19. Jahrhundert hatte der Begriff „Heimat" keine emotional aufgeladene Bedeutung. Der ursprüngliche Heimatbegriff war lediglich Bezeichnung für den Grund und Boden (heute würde man wahrscheinlich von Grundstück sprechen), den man sein Heim nennen konnte. Also für den Ort, wo man ein Bleiberecht und Wohnrecht besitzt. Den Ort, der damals überhaupt erst ermöglichte, in der Gesellschaft zu partizipieren (und beispielsweise ein politisches Amt zu übernehmen).

Emotional und identitätspolitisch aufgeladen ist der Begriff erst seit dem Ende des 19. Jahrhunderts, wo es erstmals auch medial groß präsentierte Auswanderungswellen gab, wie die diversen Fluchtbewegungen in die USA. Aus allgemeiner Unzufriedenheit heraus, gepaart mit Verlustängsten und der Angst, durch die Industrialisierung viel Gewohntes zu verlieren, kristallisierte sich die sogenannte

Heimat(schutz)bewegung heraus. Aus dieser mit dem Ziel der Stärkung nationaler Identität angetretenen Bewegung entwickelten sich unzählige regionale Heimat- sowie Trachtenvereine – und in letzter Konsequenz eine erste Propagierung des Heimatbegriffs. Spätestens seit dem Hitler-Unrechtsregime wurde die Begriffsdefinition gänzlich ideologisiert.

Diversität.

Sprechen wir heute von Heimat, lässt sich der Begriff nur schwer greifen, da die Definitionen vielfältig, aber vor allem subjektiv und individuell geworden sind. Jeder Mensch interpretiert Heimat ein klein wenig different.

Die empirische Kulturwissenschaft hat in Studien herausgefunden, dass es Menschen bei der Zuordnung von Heimat vermehrt wichtig zu sein scheint, wo sie herkommen. Das können jedoch mehrere Orte sein (Heimaten), wobei unter anderem auch die gesprochene Sprache, die örtlichen Nahrungsgewohnheiten oder die Gestaltung lokaler Infrastruktur eine Rolle spielen. Für Heimat seien aber gleichwohl auch soziale Bezüge elementar, wie die Umgebung der eigenen Sozialisierung, das Zuhause von Familie und Freund*innen, der gegenwärtige Sozialraum oder ein sicherer Rückzugsort. Bei den Aussagen der Befragten verschiedener Studien vermischen sich bei Heimat demnach geographische Bezüge, ethnische Kategorien und soziale Milieus zu einer immens diversen Mixtur.

Beheimatung.

Durch die große Diversität im Heimatbegriff wird in der Wissenschaft häufig der Begriff „Beheimatung" genutzt. Dieser begreift Heimat als fluides Konstrukt, welches durch uns Menschen individuell stetig aufs Neue erschaffen wird. Das sich-heimisch-Machen wird als selbstbestimmter Teil eines Individuums begriffen; Beheimatung entstehe durch das Zugehörigkeitsgefühl eines Menschen zu Gruppen. Quasi der Ort (oder natürlich die Orte) „wo ich mich selbstverständlich fühle". Heimat sei demnach dort, wo ich mich fraglos bewegen kann, wo ich akzeptiert bin. Also ein Ort subjektiv empfundener Zugehörigkeit, wo ich mich als Individuum entfalten kann. In unserer heutigen schnelllebigen Zeit steckt jedoch immer Aushandlung mit sich selbst und seiner Umgebung drin, das immer neu Lernen, neu Anpassen, neu Beheimaten. Um sich beheimaten zu können und heimisch zu sein ist es wichtig, durch aktive Teilhabe an der Gesellschaft partizipieren zu können.

Flucht.

Gerade die Beheimatung, das sich-Anpassen an ein neues Zuhause, ist elementar für Menschen, die aus einer Heimat fliehen mussten, um eine neue/andere/zusätzliche/... Heimat zu finden. Eine Heimatflucht, das unfreiwillige und/oder durch äußere Einflüsse bestimmte Verlassen der Heimat, bedeutet immer auch Traumatisierung, Verlustschmerz und hohe Hürden eines erzwungenen Neuanfangs. Bis zu Beginn des 20. Jahrhunderts wurde durch den Verlust der vertrauten Umgebung entstandenes Heimweh in der Medizin gar als Krankheit behandelt. Als Mensch ohne Fluchterfahrung mag und kann ich mir gar nicht ausmalen, wie nahegehend ein solcher Heimatverlust sein kann: ein erzwungener Neuanfang ohne Sprachkenntnisse, ohne Freunde, ohne sich zuhause zu fühlen, aber im schlimmsten Fall mit rassistischen Anfeindungen.

Was für ein Privileg es für mich doch ist, mich irgendwo heimisch zu fühlen, die Heimat frei wählen zu können und dort Sicherheit zu empfinden – vor allem in einer Zeit, in der mit Blick auf Krieg, Unterdrückung, Zerstörung und Klimakrise die Heimat so vieler Menschen in Gefahr ist.

Heimaten.
Die Gewissheit, an einem Ort zuhause zu sein, sowie die eigene Heimat als Ausdruck des Bedürfnisses nach Geborgenheit und Sicherheit, zählen zu den Grundbedürfnissen jedes Menschen. Wenn der Ort, wo man sozialisiert wurde und aufgewachsen ist, diese Grundbedürfnisse nicht mehr erfüllen kann, können sich Menschen also neu beheimaten. Dabei geht die empirische Kulturwissenschaft schon länger davon aus, dass der im Plural stehende Begriff Heimaten treffsicherer als sein Singular zu sein scheint. Durch stetig neue Beheimatung schaffen sich Menschen in ihrem Leben mehrere Heima-

ten. Nicht nur im Sinne von „die alte Heimat, aus der ich vertrieben wurde" und „die neue Heimat, in die ich geflohen bin", sondern als lebenslanger Suchprozess um den heimischen Platz selbstverständlicher Zugehörigkeit. Dieser kann in vielen verschiedenen Orten gefunden werden, die dauerhaft oder zeitweise zur eigenen Heimat werden.

Demnach können wir mehrere Heimaten besitzen, was vor allem im Hinblick auf die Menschen zentral ist, welche Heimat als *einen* Ort definieren, den es (vor dem Fremden) zu schützen gilt. Wobei Heimat, wie bereits argumentiert, jedoch davon lebt, sich ständig im Fluss einer neuen/weiteren Beheimatung treiben zu lassen.

Idealisierung.

Wird die eigene Heimat zu sehr idealisiert, sie in unsicheren Zeiten als (einziger) sicherer Anker interpretiert und nicht stetig weiterentwickelt sowie neu gedacht, folgen zwangsläufig Exklusionsmechanismen: „Du bist hier nicht beheimatet, weil du anders bist/denkst/isst/aussiehst/… als ich."

Ein idealisierter Heimatbegriff wird als Ausgrenzungswerkzeug oftmals als Ersatzbezeichnung für problematischere Begriffe wie „Nation" und „Vaterland" genutzt oder steht in direktem Zusammenhang mit Regionalpatriotismus. Ob großgreifender Nationalismus oder regionaler Lokalismus: Heimat als Ausgrenzungsbegriff ist mit Homogenitätsvorstellungen verbunden, also der Idee einer in

Herkunft, Sprache, Religion und Bräuchen möglichst einheitlichen Bevölkerung (wie in der NS-Rassenlehre). Dabei bin ich der festen Überzeugung, dass eine Gesellschaft von Offenheit, Toleranz, Vielfältigkeit und Pluralismus nur profitiert.

Zweckentfremdung.

Ist der Heimatbegriff jedoch durch seine eigene Idealisierung und die damit verbundene Ausgrenzung nun rechtsnationalistisch verfärbt und zweckentfremdet? Spätestens in der deutschen Geschichte des 20. Jahrhunderts wurde der Heimatbegriff braun verfärbt, seit 2023 nennen sich gar die Neonazis der NDP als Partei nun „Die Heimat". Deswegen ist es wichtig, nicht unreflektiert mit dem Begriff umzugehen und seine radikale Zweckentfremdung zu thematisieren.

Im extrem rechten Denken (wie bei der AfD) ist Heimat in der eigenen Identitätspolitik omnipräsent. Der Blut-und-Boden-Mythos zieht eine gar schicksalhafte Verbindung zwischen dem (eigenen) Boden/Land, einer starren Kultur sowie den Menschen, die dort geboren wurden.

Die identitäre Bewegung beispielsweise skaliert pathetisch: „Heimatliebe ist kein Verbrechen". Dabei nutzen sie den Heimatbegriff als Tarnung ihres völkischen Nationalismus. Hinter Parolen wie zur Heimatliebe steckt meistens Angst: Angst vor Veränderung, vor scheinbar zu viel Verschiedenheit, vor dem Verlust der eigenen Orientierung. Ob dies

Ängste sind, die aus rationalen Gründen ernst genommen werden müssen, bleibt dabei zweifelhaft.

Neutralität.

Heimat als Begriff ist also nie neutral. Nicht nur, weil sie für alle Menschen eine individuelle Bedeutung besitzt, sondern auch wegen der Zweckentfremdung des Begriffs. Die eigene Beheimatung ist ein ewig währender Prozess, den Pluralismus und Vielfältigkeit erfrischend anschieben können. Daher gilt es, sich gegen die Menschen zu stellen, die irrational skandieren, ihre Heimat sei in Gefahr und Deutschland solle den Deutschen bleiben.

Denn in Gefahr sehe ich meine Heimat vor allem dann, wenn nichts als Hass und Ausgrenzung das eigene Denken bestimmen. Denn ein „besorgter Bürger", der andere Menschen ablehnt, nur weil sie nicht seinem individuellen Heimatgefühl entsprechen, ist und bleibt einfach ein Rassist.

Vor allem sollten wir nie vergessen, dass wir maßgeblich dafür mitverantwortlich sind, die Heimat von anderen Menschen auszubeuten, um unsere eigene Heimat zu gestalten. Wir leben in Wohlstand, weil andere es nicht tun.

Gerade deshalb sollten wir es uns auch nicht erlauben, unsere Heimat vor Menschen zu verschließen, die lediglich auf der Suche nach einem humanen Grundbedürfnis sind: einem Leben in Freiheit, in Frieden und in Sicherheit.

Matti Linke

Schon seit 2016 tritt Matti Linke (*1994) bei Poetry Slams und sonstigen Bühnenformaten auf. Ihm gefällt die Offenheit des Formats: Schreibe, was du willst! Deshalb bewegen sich auch seine vielseitigen Texte zwischen Lyrik, Prosagedicht und Formexperiment. Mit seinem beeindruckenden Repertoire an gesellschaftskritischen Texten gilt er seit Jahren als einer der feinsinnigsten, sprachlich versiertesten und performativ stärksten Poeten Niedersachsens und Bremens, was ihm 2022 dort den Titel des Landesmeisters einbrachte. Darüber hinaus gibt er Workshops im In- und Ausland, bei denen es um das geschriebene und gesprochene Wort geht.

Mehr unter: www.mattilinke.de

Den Frieden gewinnen
Von Matti Linke

Geschrieben im April 2022.
Für meinen guten Freund Evgeny aus Novosibirsk.

Anfangs hat es deinen Zimmergenossen noch gestört, wenn du bis spät in die Nacht am Schreibtisch sitzt. Nicht, weil er sich um deine leere Mütze Schlaf sorgte, sondern weil ihn das Klicken von Tastatur und Maus vom Einschlafen abgehalten hat.

Doch auch daran gewöhnt man sich. So wie man sich an die geblümte Bettwäsche gewöhnt, an das quietschende Stockbett oder das Dröhnen des Kühlschranks. Man gewöhnt sich daran, sich Dusche und WC mit dem ganzen Flur zu teilen, an den Ausblick auf schneebedeckte Birken bis in den April, manche sollen sich sogar an die Küchenschaben gewöhnen. Du hast irgendwann aufgehört, jede einzelne Schabe zu fangen, es sind ja doch zu viele. Ein Mädchen hat mal erzählt, dass ihr nachts eine in den Mund gekrochen sei.

Und so sitzt du mal wieder bis spät in die Nacht am Schreibtisch, du nennst das „burning the midnight oil". Und du lernst für dein Geologiestudium, irgendwas über Aluminium oder verschiedene Sedimentschichten.

„Steine", denkst du dir,
„damit beschäftige ich mich also."

Ewige Prozesse,
die die Erdkruste formten,
mineralisch, magmatisch
oder andere Sorten.
„Gestein!", sagst du laut
und dein Zimmergenosse stöhnt.
Der kleine Heizkörper gluckert
und das Kühlschränkchen dröhnt.
„Gestein", denkst du dann still
und hörst Musik über Bluetooth.
Doch seit man Spotify sperrte
nur noch per Playlist bei YouTube.

„Zuhören", denkst du dir.

Du hast zugehört, bei der Neujahrsansprache von Putin. „Noch etwas Geduld", hat er gesagt, „dann wird unser Land an der Spitze der Welt stehen." Du hast regimekritischen Nachrichtensendern zugehört, bis man sie verboten hat. Du hast zugehört, als dein Professor sagte: „Versuchen Sie einfach nicht an alles zu denken." Du hast zugehört, als deine Mutter sagte: „Hör auf, zu den Protesten zu gehen."

„Zuhören", denkst du dir. „Nicht den Kopf abschalten", schwörst du, „nicht weghören."

Weghören: Die neue Volksdisziplin.
Weghören: Die neue Allgemeinmedizin.
Bloß nicht daran gewöhnen.

Als wäre der Krieg Teil vom Alltag,
nichts als ein weiteres Zahnrad.
So wie der Matsch auf den Straßen,
und das in Stockbetten schlafen,
und wie die ewigen Schaben,
die am Tapetenleim nagen.

Sich wieder dem Gestein widmen:
Und diesen ewigen Prozessen,
Öl- und Gasvorkommen messen,
Gas, das Panzer finanziert,
die jetzt das Nachbarland besetzen.
Sich wieder dem Gestein widmen:
In welcher Tiefe etwas liegt,
wer tiefer gräbt, der stößt auf Kies.
Darüber Sand, darüber Lehm,
darüber Erde, dann der Krieg.
Sich wieder dem Gestein widmen:
Doch deine Augen sind längst eckig.
Das Stockbett wartet, es ist fleckig.
„Wenn dieser Tagtraum jemals endet",
sagst du, „sei so gut und weck' mich."

„Weißt du", tippst du auf dem Bildschirm,
auf dem du Leid siehst, der dich ablenkt,
der dir die Welt zeigt, und dich einschränkt.
„Weißt du", tippst du in dein Smartphone,
an einen Jungen, 5000 km westlich.
„Weißt du, ich hätte wirklich viel zu sagen.
Und mit diesem Schweigen will ich brechen.

Am liebsten würde ich hier von meinem Tisch aus
direkt zur ganzen Menschheit sprechen.
‚Liebe Welt‘, würde ich dann sagen.
Wer Hilfe braucht, dem helf’ ich weiter,
dem reiche ich sofort die Hand.
Also hasst den Krieg und dessen Treiber,
aber hasst nicht mein ganzes Land.

Für jedes falsche Wort der Lüge,
jeden Quadratmeter, der brennt,
für jede Träne unserer Brüder,
bin ich ratlos und beschämt.
Man sagt: ‚Wer schweigt, der macht sich schuldig,
der hilft dem Kriegsleid leise mit.‘
Doch das sagt sich leicht in einem Land,
in dem noch Meinungsfreiheit gilt.

Ich war so stolz auf mein Zuhause,
stolz auf mein Land, in dem ich lebe.
Auf unsere großen Frauen und Männer,
in deren Fußstapfen ich trete.
Auf unsere Wissenschaftler, Sportler,
Musiker, Schriftsteller, Künstler,
und unseren Glauben, der uns schützt.
Auf jeden Menschen auf der Straße,
der dich von Herzen unterstützt.

Ich wusste, wofür ich studierte,
warum ich Steinbrocken vermessen hab’.
Um wer zu sein, der seinem Land dient,

das sich durch sein Wirken verbessert.
Aber jetzt erforsche ich bloß noch Steine.
Jetzt fehlt mir sämtlicher Bezug.
Ich will kein Teil von einem Land sein,
das einem anderen Unrecht tut.

Ob wir den Krieg wohl gewinnen oder verlieren werden? Diese Frage höre ich häufiger. Aber einen Reim kann ich mir darauf nicht bilden. Für mich hat die Niederlage mit dem ersten Tag des Krieges begonnen. Gewinnen könnten wir nur noch, wenn wir die Waffen sofort niederlegten."

Vielleicht wirst du ja noch mal Zeuge einer historischen Veränderung in Russland sein – einer demokratischen Bewegung. Man darf ja noch hoffen. Aber bis es so weit ist, liegst du weiter in deinem Stockbett und träumst nachts davon, dich langsam in eine Schabe zu verwandeln. Noch hörst du deinen Zimmergenossen weiter schnarchen und den Kühlschrank weiter dröhnen, an dem ein bunter Magnet hängt, den dir ein Junge aus 5000 km Entfernung zu Weihnachten geschickt hat.
Vielleicht werden deine Steine irgendwann einen neuen Sinn bekommen.

Wenn die Gewalt endlich endet,
wir dem Bekriegen entrinnen.
„So müssen wir, nach dem Krieg,
noch den Frieden gewinnen."

Björn H. Katzur

Björn H. Katzur wurde 1981 in Hannover geboren, hat dort sein Biologiestudium abgeschlossen und wurde 2007 in Kiel angespült. Trotz mehrerer Forschungsstipendien zog es ihn auf die Bühne. Einer seiner künstlerischen Schwerpunkte liegt auf Poetry Slam. Von 2011 bis 2014 prägte er als Autor und Darsteller die satirische Bühnenshow „Traurich & Alt", seit 2012 performt er die gespielten Krimilesungen „Dinner mit Leiche". 2015 erhielt er ein Literaturstipendium des Landes Mecklenburg-Vorpommern. 2020 erschien seine Textsammlung „In der Möwe liegt die Kraft". Seine Texte lassen sich auch in Zeitschriften und Anthologien finden.

Mehr unter: @bhkatzur auf Instagram

Fisch und Moin, mehr braucht es nicht
Von Björn H. Katzur

Norddeutschland. Das nördlichste Deutschland, das die Erde so zu bieten hat. Unabhängige Wissenschaftler*innen sind sich einig, dass es in der Tat im Norden ist, und wollen mir darüber hinaus meinen Kompass nicht zurückgeben.

Hier, wo man statt Verlobungsringen seiner Angebeteten einen Fisch überreicht und sie jauchzt und frohlocket, denn Fisch, ja, Fisch ist reich an Omega-3-Fettsäuren und riecht so gut. Zumindest für norddeutsche Nasen.

Doch wollen wir die frisch Verlobte hinter uns lassen, sie muss auch all ihren Freundinnen zeigen, wie groß der Fisch an ihrem Finger ist, und dass er noch Augen hat (was ein Zeichen für Qualität und die Durchsichtigkeit von Wasser ist), und uns anderen Aspekten des Nordens zuwenden.

Leider wird das schwierig, weil es außer Fisch im Norden nicht viel gibt. Schafe auf Deichen vielleicht, aber bei genauerer Betrachtung sind das auch nur Fische, denen man beigebracht hat, an Land zu leben und einen dicken Pulli anzog.

Denn im Norden ist es gerne mal kalt. Aber das macht nichts, durch den vielen Regen denkt man da so nicht dran. Und hat immer was zu reden.

„Regnet wieder, wat?"

„Jo. Aber neulich war's schön."

„Jo, neulich war's schön."

„Neulich" bezieht sich dabei auf den Sommer 1962, als es tatsächlich zwei Sonnentage hintereinander im Norden gab. Gut, es war eigentlich ein schöner Samstag und dann ein Sonntag – und der war verregnet. Aber man nimmt, was man kriegt. Meistens halt Regen. Oft auch Fisch.

Norden. Hier begrüßt man sich zu jeder Tageszeit mit „Moin", um nicht erst umständlich auf die Uhr gucken zu müssen. „Moin moin!", ist für die meisten schon Geschwafel.

Hier braucht es nicht viele Worte. Mit den Vokabeln „Wasser", „Deich", „Schaf", „Regen", „Trecker" und „oh-hauahaua-hah" und ein paar Verben lassen sich ganze Monate mit Konversation füllen. Und halt 63 Worte für „Fisch", die aber alle „Fisch" geschrieben werden und sich nur in der Aussprache leicht unterscheiden und alle nur „Fisch" bedeuten.

Es ist leicht zu sagen, dass der Norden wunderschön ist. Erstens, weil es stimmt und zweitens, selbst wenn er einem Menschen nicht gefällt, sieht man beim vielen Regen die Tränen ja nicht.

Natürlich sind alle Regionen schön. Berge im Süden, wunderschöne Landschaften und historische Gebäude im Osten und der Ruhrpott ist auch da. Aber wir hier haben das Meer. Sogar zwei, wenn man den Ostseetümpel dazu zählen will. Die Ostsee: Keine Gezeiten haben, aber jedem weismachen, dass man ein Meer ist. Und wir fallen alle drauf rein, weil wir denken: „Ja, da sind Quallen. So was Ekliges kann nur ein Meer haben."

Das ist übrigens der norddeutsche Zynismus. Wenn uns etwas richtig gut gefällt, sagen wir „Joah, kann man machen!" und gucken ernst. Unsere Art der puren Liebe.

Es ist schön, am Meer zu leben. Wo es Häfen gibt, da gibt es Hoffnung. Immer haben wir das Wasser! Wir schauen darauf, wir gehen daran spazieren. Es beruhigt. Es unterhält. Es stärkt, wenn wir schwimmen. Und wenn es uns schlecht geht... beruhigt es auch. Oder man kann sich halt ertränken. Aber das sollte man nicht tun. Wobei, ist nicht mein Leben. Eures dann halt auch nicht mehr.

Zwischen Nordsee und der Ostsee – wollen wir sie doch jetzt mal als Meer zählen, ich will ja nicht die Balten spalten – haben wir im Norden so viel Meer, dass wir ständig Wortspiele damit machen müssen. Immer wieder. Immer Meer.

So hat sich auch die Landschaft dem Meer angepasst: so flach, dass man unglaublich weit sehen kann. Das kann sehr schön sein, hat aber auch Nachteile. Denn Finnen sind gerne mal nackt und das will man nicht immer sehen.

So flach und öde ist das Land, dass man denken mag, hier wird hauptsächlich Brache angebaut. Das entspannt ungemein. Versuch mal, ein Schaf anzugucken und dabei gestresst zu sein. Das geht nicht. Es sei denn, du bist leckerer Klee. Dann noch ein bis zwölf kleine Korn und du denkst, Buddha hat Burnout. Super.

So entspannt ist der Norden: Wenn wir etwas nicht tun wollen, sagen wir: „Nützt ja nix!"

Und tun es. Oder nicht. Sieht man dann ja. Mengenangaben sind „um und bei" und Zeitangaben „bummelig".

Das Einzige, das im Norden nicht entspannt ist, sind die Möwen – Tauben auf Steroiden. Sie wurden uns geschickt, damit wir wachsam und schnell sind und jederzeit unsere Fischbrötchen beschützen können. Wäre der Norden nicht so friedfertig, würden wir unseren Anker nach ihnen werfen, den jeder und jede Norddeutsche zur Geburt bekommt und den wir bis zum 18. Lebensjahr mit uns herumtragen müssen, damit wir stark und ausdauernd für die Seefahrt werden.

Bis auf die Wachsamkeit gegenüber Möwen ist der Norden friedlich und so weltoffen, unser edelster Schnaps muss einmal über den Äquator schippern und Krabben kommen zum Puhlen nach Afrika, damit sie etwas von der Welt sehen.

Trotz dieser Weltoffenheit gelten wir gerade im Süden Deutschlands als ungesellig. Aber schweigend nebeneinander in einer Kneipe sitzen IST AUCH GESELLIG!

Zur Verabschiedung braucht es wie zur Begrüßung nicht viele Worte. In Kiel reicht ein fröhliches, das heißt trockenes „Erst mal" und eigentlich heißt es nur „Ersma", denn zu viele Konsonanten sind doch nur Zeitverschwendung!

Bis auf den Tee ist der Norden kühl, nicht heiß, und aufgewühlt ist nur das Meer, nicht die Gefühle. Daher sage ich nicht, der Norden ist der beste Ort, ich sage nur, von allen vier Himmelsrichtungen ist der Norden eine.
Ersma!

Anna Lisa Azur

Anna Lisa Azur stammt aus Wuppertal und hat 2018 das erste Mal Bühnenluft geschnuppert. Seitdem ist sie vor allem im Westen Deutschlands aktiv. Sie ist dreifache Literaturpreisträgerin, Moderatorin und Bühnenpoetin. Die gebürtige Remscheiderin liebt Lyrik mindestens genauso sehr wie ihre Schildkröten. Neben der Kunst ist sie damit beschäftigt, als Kulturrucksackbeauftragte der Stadt Wuppertal den kreativen Nachwuchs im Rahmen von Workshops zu fördern. 2023 hat sie den Verein „Bright Lights" gegründet, mit welchem sie sich für europäische Kulturvernetzung in den Bereichen Literatur und Musik einsetzt.

Mehr unter: @annalisapoetry auf Instagram

Landeimanifest
Von Anna Lisa Azur

Du kommst aus der Stadt?
Ja, weißt du ich, ich komm' vom Dorf
Und wo bei dir der Asphalt brennt
Da seh' ich nur Matsch und Torf
Ja, ich bin ein Landei
Ein richtiges mit Dreck
Und damit du diesen Lifestyle
Auch mal gründlich checkst
Komme ich im Auftrag
Von der Dorf-Delegation
Verkünde frohe Botschaft
In der Zivilisation
Denn einst schrieb ich diese Ode
So viel mehr als nur ein Text
Das hier, meine Freunde
Ist das Landeimanifest

Jetzt hast du dich sicher schon gefragt:
Wie hat die's hierhergeschafft?
Wie kommt man denn da raus
Aus so einem piefig kleinen Kaff?
Eins kann ich euch sagen:
Einfach war das nicht
Ich erklomm einen großen Berg
Bezwang dorniges Dickicht
Aber das ist kein Mythos
Von der Landmobilität

Bei uns verpasst du keine Bahn
Und die kommt auch nie zu spät
Und wenn du dich jetzt fragst
Woran das denn nur liegt
Tja, die Deutsche Bahn kann halt nur da fahren
Wo es auch Gleise gibt

Denn für Infrastrukturausbau
Hatte die Kommune halt kein Geld
Dafür haben wir einen Bus
Der vor deiner Haustür hält
Und zwar nicht weil da
Eine Haltestelle ist
Sondern weil der Busfahrer dich kennt
Und weiß, wo du zuhause bist

Der Bus fährt jede zweite Stunde
Manchmal fällt er einfach aus
Am Wochenende kommt er nicht
Doch das macht uns gar nichts aus
Denn Fußläufigkeit hat auf dem Land
Halt eine andere Dimension
Und „um die Ecke" ist ja auch immer
Eine Frage der Interpretation

Doch bloß weil auf dem Land
Die Distanzen ein bisschen größer sind
Heißt das nicht, dass Einsamkeit
Unser Leben hier bestimmt

Privatsphäre auf dem Dorf
Die ist nicht existent
Und das liegt einfach daran
Dass hier jeder jeden kennt
Und wissen will, was du machst
Und zwar zu jeder Zeit
Gehst du raus in deinen Garten
Stehen die Nachbarn schon bereit
Heimlich Heckenschneiden
Das ist auf'm Dorf nicht drin
Am Zaun gibt man dir Tipps
Die nicht alle wertvoll sind
Ungefragt wird hier beratschlagt
Und geht man dir auf den Geist
Reicht man dir ganz schnell ein Bier
Damit auch du bei Laune bleibst

Doch hast du mal einen Baum
Der dich zur Verzweiflung bringt
Dann sind es auch deine Nachbarn
Die zur Stelle sind
Denn der Gerd hat einen Bagger
Der Uli eine Axt
Der Bernd eine Kettensäge
Und zusammen ist das ein Klacks
Und im Anschluss wird gegrillt
Denn das ist bei uns Gesetz
Bierchen, Steak und Würstchen
Stärken das soziale Netz

Das Landleben ist nice
Das ist cool und ziemlich fresh
Und das Landleben hat Style
Wie sich an mir erkennen lässt
Denn zwischen Gülle und Kompost
Wird hier Mode noch gelebt
Stil heißt bei uns
Praktikabilität

Unser Prada ist pragmatisch
Und heißt Engelbert Strauss
Ohne Tchibo-Regenschirm
Verlässt niemand hier sein Haus
Hier lebt man für Jack Wolfskin
Und steht auf Softshell-Jacken
Auf wasserdichte Rucksäcke
Anstatt glitzernde Handtaschen
Unser Werkzeugkasten
Ist das Mode-Accessoire
Man hat stets das Neueste aus dem Baumarkt
In seinem Repertoire
Denn verlassen wir das Haus
Dann wollen wir vorbereitet sein
Auf die Probleme im Nachbargarten
Und auch die im Eigenheim

Draußen sind wir zuhause
Und leben am Busen der Natur
Und nicht am Arsch der Welt
Das meinen andere nur

Im Grünen zu leben ist sehr praktisch
Denn wenn es zuhause einmal knallt
Schnappen wir uns eine Axt
Und stampfen zackig in den Wald
Sonntags sind wir
Auf den schönsten Wanderwegen
Und die sind so nice
Dass sie in keinem Reiseführer stehen
Und wir zeigen sie dir gern
Stellst du dich mit uns gut
Doch kommst du uns in die Quere
Kennen wir auch Orte, wo dich keiner findet…
…oder sucht!

So lebte ich mein Landei-Dasein
Viele Jahre ziemlich glücklich
Doch umso älter ich wurde, dachte ich
Das Landleben erdrückt mich

Unter meinen Sohlen hörte ich es knistern
Und meine Füße schlugen Wurzeln
Meinen Drang nach Freiheit hörte ich
Aus den Bäumen purzeln
Und so zog es mich hinaus
In die große, weite Welt
Ich dachte, dass es mir in Bonn
Wuppertal oder sogar Duisburg gefällt
Mein Herz schlug für Hauptbahnhöfe
Und für Nah- und Fernverkehr

Mein Landei-Dasein zu vergessen
Fiel mir anfangs gar nicht schwer
Täglich tausend neue Gesichter
Und jedes war mir fremd
Und wie spannend so ein
Tinder-Date sein kann
Wenn man sich vorher
Gar nicht kennt
Es gab mehr als eine Dorfkneipe
Ein echtes Gastronomie-Angebot
Und nach Mitternacht klappt hier
Niemand die Bürgersteige hoch

Doch wo Fremde ist
Da ist auch immer Einsamkeit
Die nachts unter Bettdecken kriecht
Und dort einstweilen bleibt
Und so weiß ich heute:
Ob Großstadtpflanze oder Landei
Heimat heißt so viel
Fängt bei uns im Herzen an
Hat Geborgenheit zum Ziel
Dort anzukommen wünsche ich dir
Wo auch immer du gerade bist
Ich glaube das Zuhause kennt man erst
Wenn man es auch mal vermisst
Denn du kommst vielleicht aus der Stadt
Und ich? Ich komme vom Dorf
Wir alle haben eine Heimat
Und die ist so viel mehr als nur ein Ort.

Heimat in Gefahr
Von Elias Raatz

Wenn Faschisten aufmarschieren,
sich 'nen Führer her sinnieren,
braune Scheiße laut skandieren,
wie dass sie würden präferieren,
ohne groß zu diskutieren,
Ausländer zu deportieren.

Ja, wenn Faschisten aufmarschieren,
menschenfeindlich schwadronieren,
die Machtergreifung disponieren
und dabei schon kalkulieren,
And're, wenn sie nicht parieren,
in Straflager zu transportieren.

Denn wenn Faschisten aufmarschieren,
gern Hassbotschaften zelebrieren,
braucht's kein langes Eruieren
und wir könn'n realisieren:
Bevor sie dich bald anvisieren,
jetzt muss man sie abservieren!

Katharina Wenty

Katharina Wenty gilt mit Auftritten in über 20 Ländern mittlerweile als eine der international erfolgreichsten Slam Poetinnen des deutschsprachigen Raumes. Sie hat Theater-, Film- und Medienwissenschaft sowie Multimedia mit Fokus auf Fotografie/Film studiert. Seit sie denken kann ist sie künstlerisch aktiv. Nicht nur im Poetry Slam hat sie mehrere Titel errungen, auch ihre Filme waren bereits Teil etlicher Kurzfilmfestivals und haben diverse Preise abgeräumt. Darüber hinaus entwirft Katharina Wenty künstlerische Konzertprogramme für und mit Chören, bei denen sie auch selbst mit auftritt. Aktuell lebt und arbeitet sie in Wien.

Mehr unter: www.katharinawenty.com

Nur das Mittelmeer
schrie seinen Namen
Von Katharina Wenty

Meine Geschichte handelt
von einem Familienausflug,
aber nicht per Fahrrad, Auto oder Zug,
sondern einfach nur per Boot.

Dieser Ausflug geschieht sogar unter Verbot,
denn Hans, der Vater, und auch Jakob, sein Sohn,
müssten eigentlich zu Hause bleiben,
doch hier sind sie und treiben
auf und ab im kleinen Schlauchboot.

Während sie einem immer noch
unsichtbaren Ziel zustreben,
hat sich die kleine Sarah bereits dreimal übergeben.
Generell ist die Stimmung eher gedrückt,
die Hälfte der Reise zwar schon überbrückt,
doch die Wellen um sie herum
sind stetig am Steigen.
Mutter Beate ist bereits
seit Stunden am Schweigen,
denkt sie doch an Max,
ihren süßen, kleinen Frechdachs,
der, als nachts der Wind wütend fauchte,
ins Wasser fiel und nicht wieder auftauchte.

So ein Erlebnis bleibt unvergessen,
denn Schuld und Schrecken zerfressen
Körper, Gedanken,
während meterhohe Wellen um sie schwanken,
hartnäckig im Genick sitzen,
die Erinnerung an den Verlust
ins Gesicht spritzen,
sich immer wieder erneut ins Boot winden,
um gleich daraufhin zu verschwinden.

Beate beginnt, diese Reise zu hassen,
ihre Hoffnung immer mehr zu verblassen,
denn Max, ihr süßer, kleiner Frechdachs,
ist mitten auf hoher See verschwunden,
sein zierlicher Körper wohl nie mehr gefunden,
und sie,
sie drehen hier immer noch ihre Runden,
so kommt es ihr vor.

Kein Land in Sicht,
ihr Land ruft zur Pflicht,
und sie waren gerannt,
vom Chaos abgewandt,
in der Hoffnung, Ordnung zu finden,
hatten monatelang Ängste
zu überwinden versucht,
und irgendwann all die Ängste verflucht.

Ihr ganzes Geld ging für diese Reise hier drauf,
es hätte ebenso gereicht für den Kauf

von einem echt hübschen Haus,
aber ich sag's mal freiheraus,
die fünf Plätze im Boot
waren halt verdammt scheiße teuer
und der Glaube, dass dieses Abenteuer
ein Happy End nehmen könnte,
stärker als jener, der ihrem Land Frieden gönnte.

Also gaben sie ihr Zuhause auf,
gaben all ihr Geld für ein Schlauchboot aus
und wagten sich aufs offene Meer hinaus.
Doch dann starb Max,
dieser süße, kleine Frechdachs
wurde von den Wellen in ihre Tiefen gezogen,
von den Wasserwogen
in den Tod gesogen,
Beate um ihren Sohn betrogen.

Und Beate schrie, Beate schrie,
Beate weinte und verneinte
und Hans hielt sie fest,
Hans hielt sie in ihrem Nest
der Plastiksicherheit
und Sarah übergab sich dreimal,
bis sie nichts mehr zum Übergeben,
nur noch das Überleben hatte,
und Jakob sagte nichts,
fragte nichts,
obwohl er alles hinterfragte.

Nur das Mittelmeer brüllte Max' Namen,
zischte ihn so laut, dass sie
nichts anderes mehr vernahmen.
„MAX", schrie es, „MAXIMILIAN!"

Beate sah in ihrem Wahn
die Hände des Kleinen
aus den Tiefen nach ihr greifen,
hörte seine Stimme in den Winden pfeifen.

Und nur Hans, ihr guter Hans,
hielt weiter ihre Hand,
ließ sie nicht los,
so trieben sie auf dem neonroten Träumefloß
durch Geburt bestimmtes Unglückslos
im Wasserschoß des Mittelmeers
gen Griechenland.

Ihr habt's nun sicherlich erkannt,
diese Geschichte versteckt so ein paar Lügen,
denn Leute von *da drüben*
heißen nicht Hans, Beate, Jakob, Sarah oder Max,
und dieser „Ausflug" trug den Namen Flucht.

Flucht, weil in ihrer Heimat
das Leben mehr vom Tod bestimmt,
der Staat niemandem wohlgesinnt,
ihr Land den Krieg wohl nicht gewinnt,
weil Krieg niemals gewonnen werden kann.

Politik zu hinterfragen
als Verbrechen,
nicht zu allem Ja zu sagen,
als Versprechen
für die Freiheit, die sie wagen,
zu probieren,
denn was war schon zu verlieren
außer
das Leben?

Das hätten sie zuhause
vermutlich sowieso verloren.
Doch als sie dann in Griechenland ankamen,
sagte man ihnen nur einen Satz:
„Verschwindet, wir haben keinen Platz!"

Natürlich waren ihre Namen
nicht Hans, Beate, Jakob,
Sarah und der kleine Max,
sondern Khan, Kalila, Ali,
Sahar und der kleine Ibrahim.

Das Mittelmeer schrie daher nicht:
„MAXIMILIAN!",
sondern: „IBRAHIM, IBRAHIM!"
Und irgendwann verstummte es,
irgendwann vermummte es
die tausend Toten
und aus den Namen
wurden nur noch Quoten.

Ibrahim wurde Nummer 1217
im Jahr 2014.
Weil Kalila Ibrahims Händchen
nicht mehr halten kann,
hält sie sich heute an Erinnerungen fest,
denn zumindest
sie weiß, dass Nummer 1217,
für die meisten namenlos,
nicht nur ein kleiner Junge auf dem Zukunftsfloß
der Gummiträume war,
sondern ein Kind, ihr Sohn,
ein Mensch namens Ibrahim.

Das bleibt wohl das Geheimnis
von Khan, Kalila, Ali und Sahar
und all den andern
auf jenem kleinen Boot im Februar.

Denn wir wollen keine Namen hören,
sondern lieber auf Zahlen schwören,
alle hinter *einem* Wort namens
„Flüchtling" verstecken
und uns dann vor *allen* erschrecken.

Von Europas limitiertem Empathie-Vermögen
zeugen all die städtisch heroischen Triumphbögen,
welche alten Kriegsführern gebühren,
anstatt neue Friedensträger zu küren.
Wir halten nur an Wohlbekanntem fest,
so fest, dass nichts bleibt für etwaigen Rest,

von dem wir gar nichts wissen wollen,
also habe ich mit einer Lüge begonnen,
falsche Namen ersonnen,
sie am Ende wieder entnommen.

Die Geschichte bleibt trotz Lüge wahr,
die Lüge macht die Wahrheit klar,
dass Name nicht den Menschen macht
und Mensch sich keinen Namen macht,
ja, die Bezeichnung Mensch verliert,
indem er privilegiert Hilfe negiert,
Menschlichkeit dementiert.

Denn die schlichte Wahrheit an der Lüge ist:
Obgleich der Namen, die verwendet,
bleibt die Geschichte unverändert
und bis heute unbeendet.

Erinnerst du dich?
Von Katharina Wenty

Du sitzt wahrscheinlich
in deinem Zimmer und lernst,
dein Gesicht, wie immer, konzentriert ernst,
dein Fleiß als Zeichen starker, sturer Tapferkeit,
deine Gegenwart jetzt meine Vergangenheit.

Erinnerst du dich an das alte Parkett,
verstreute Scherben obenauf,
brav eingeklemmt im staubigen Korsett,
die Hand am Türknauf.

Mutters Schluchzen
durch hölzerne Verschlossenheit,
Schreie versiegeln
verstummende Verdrossenheit,
[ver]suchend im Buch
bleibt [Ant]wort im Fluch
und Fluch[t] nur Versuch,
so lebt ihr versklavt,
Freiheit erringen
könnt ihr nur im Schlaf.

Erinnerst du dich an eisiges Wasser,
die nasse Haut rötlich, umso blasser

dein Sorgengesicht,
Knochen tragen nicht nur dein Gewicht,
jedes Kilo für ein Schutzfell,
zitternd und möglichst
schnell, schnell, schnell
schrubbst du deinen Körper,
die Hände schon taub,
doch da klebt noch Schaum.

SO HALT DICH IM ZAUM,
es ist eben Winter!
Strom- und Gasrechnungen vergessen,
das Geld Bettlern geschenkt stattdessen.

Der Duschkopf in seiner rechten Hand als Waffe,
in der linken eine Alkoholkaraffe,
kühl glühend, dann brühend der Strahl,
bebendes Mädchen, lebender Totenpfahl.
Du wolltest seine neue Frau
nicht mit „Mama" ansprechen müssen,
doch da packt er dich an den Füßen,
dann am Kragen
wirst du in die Dusche getragen.

Kakao verschüttet [Angst]
Vertrauen zerrüttet [Bedrängnis]
Er schreit, weinen sei schwach,
der Boden zerfällt mit dem Dach,
willkommen im Hochschweigegefängnis.

In deinem Zimmer
scheint dies jedoch fern,
Augen auf die Hausübung,
lern, Mädchen, lern!

Ferien fürchtetest du am meisten,
denn als alle verreisten,
musstest du zuhause bleiben,
musstest du zuhause leiden,
konntest du zuhause meiden
nur im Zimmer beim Welt-Erschreiben.

Eine Wandbreite entfernt der Bruder, betrunken,
der Pinsel zittert, blaue Flecken,
rote Kratzer im Puder versunken.
Gedämpftes Stöhnen,
eine handweite Mauer getrennt,
Zigarettenasche, die Haut verbrennt.

Weißpulvriger Boden,
Husten in täglich dutzend Episoden,
Mama schluckt die Wahrheit runter,
Lügen übermalen bunter
nichtige Stille hinter chaotischem Tosen,
Zärtlichkeiten bleiben rare Almosen.

Einzeln anwesend in
gemeinsamer Abwesenheit,
vierzig Quadratmeter zu viert
stinken nach Einsamkeit.

Du sitzt in deinem Zimmer und lernst,
dein Gesicht, wie immer, so konzentriert ernst.
Bald wird Mama erneut verschwinden,
sich kurz darauf in Gottes Licht wiederfinden,
eure gestohlene Kindheit ist ihr Testament,
stark ihre Arme, stur stürmisches Temperament.

Sie gab dir ja Leben, also bist du nun ihres,
has[s]t du zu sein,
sie füllt und du fühlst
in der Fülle die Leere,
die nach dir greift, um zu reißen.

Vorhang zu, niemand darf etwas sehen,
Vorhang zu, niemand kann das verstehen,
VORHANG ZU,
MACH DEN VERDAMMTEN
VORHANG ZU!

Frühstück, Mittags-, Abendmahl,
zitternd der Körper, ein lebender Totenpfahl.
Opas Demenz steigend,
ihr sitzt in der Küche, schweigend,
er beginnt, vom Krieg zu erzählen,
sich selbst der unschuldigen
Großväterlichkeit zu bestehlen.

Erinnerungen von Gegenwart
unmöglich zu trennen,
„Russenkind" wird er dich nennen,

deine Mutter wäre für ihn gestorben,
als sie deines Vaters Frau geworden,
ist doch klar, dass ein Russe betrügt,
alle belügt, es ihn vergnügt,
drei Kinder zu zeugen,
alles Geld zu verprassen,
Mama mit Schulden
für eine junge Frau zu verlassen,
nichts war doch gut, was aus Stalingrad kam!

Der Wahn steigt,
der Gram reicht
Granit das Wasser.
Vorhang zu, Mädchen, schweige,
Vorhang zu, lern und schreibe!

Zwei deiner Freunde
werden noch aus dem Leben scheiden,
du wirst die Drogenteenies daraufhin meiden,
tausende Kilometer bald trampen,
oft ohne Zelt oder Schlafsack campen,
unter Bäumen und Büschen Unterschlupf finden,
dich durch Flyer und Callcenters ringen.

Sicherer fühlst du dich als Vagabund
nirgendwo und überall
statt in der Familie zu Hause,
und weil du dir nie 'ne Pause erlaubst,
landest du mit zweiundzwanzig im Burnout.

Niemals an dich geglaubt,
niemals wem anvertraut,
zahlst wieder mal selbst drauf,
zwingst dich stets schnellst auf,
weiter geht's, weiter geht's,
jetzt lauf' doch nicht weg,
sondern bleibe,
meinetwegen im Zimmer,
aber schweige
nicht länger,
Vorhang auf,
VORHANG AUF
MACH DEN VERDAMMTEN
VORHANG AUF!

So saßt du täglich im Zimmer und lerntest,
dein Gesicht konzentriert ernst und so erntest
du durch Fleiß und Mut zarte Tapferkeit.
Was für dich Gegenwart
jetzt meine Vergangenheit,
durch die nun erkennbar jene Lebensart
des Kraft-Tankens im Saft der Gedanken,
abgesessen nun die Haft,
geöffnet jene Kindheitsschranken.

Du trittst hervor
mit kämpferischer Wesensart
auf eine Bühne
und begegnest unserer Gegenwart.

Michael Jakob

Michael Jakob wurde 1978 in Ansbach geboren und ist freischaffender Künstler, Trauredner sowie Moderator. Seit 1998 steht er auf der Bühne und brachte seitdem von Kabarett, Theater, Improvisationstheater bis zu Performance-Poesie unzählige Bühnenprogramme zur Aufführung. Daneben entwickelte er verschiedene Veranstaltungsformate und etablierte in Mittel- und Oberfranken zahlreiche Veranstaltungsreihen, die seit vielen Jahren erfolgreich bestehen. Sein kulturelles Schaffen brachte Michael Jakob bereits mehrere Auszeichnungen ein. 2021 veröffentlichte er mit der Novelle „KERWA BLUES" sein achtes Buch.

Mehr unter: www.michaeljakob.de

Was ist Heimat?
Von Michael Jakob

Ich trage stets ein kleines Säckchen an meiner Brust. Es ist gefüllt mit Erde und Sand, ein Teil des Bodens meiner Heimat, meines Landes. So weiß ich immer, woher ich komme und wohin ich gehöre.

Und wo immer ich steh', seh' ich sie und wo immer ich geh', spür' ich sie und wann immer ich träum', riech' ich sie und wann immer ich lach', fühl' ich sie. Das ist so, keine Frage, weil ich Heimat am und im Herzen trage.

„Doch was ist Heimat?", fragst du.

Frag das eine Schnecke, die ihr Haus auf dem Rücken trägt und sie wird sagen: „Hier bin ich zuhause und anderswo ebenfalls. Ich muss mich nur kurz zurückziehen und fühle mich in Sicherheit. Ich trage die Heimat auf meinem Rücken und ob das morgen zwanzig Zentimeter weiter ist, macht für mich keinen Unterschied."

Frag eine Kröte, die zum Laichen den Ort ihrer Geburt aufsucht, was Heimat ist, und sie wird sagen: „Hier bin ich geboren und hier werden sich auch meine Kinder entwickeln und die Kindeskinder und die Kindeskindeskindeskinder. Ich trage die Heimat in meinem Laich und dieser Ort wird sich niemals ändern."

Frag ein Känguru-Junges, das frech aus dem Beutel seiner Mutter spitzt, was Heimat ist, und es wird sagen: „Hier fühle ich mich geborgen, es ist warm und ich höre den Herzschlag meiner Mutter. Das ist der Takt meines Lebens, meine Heimat trägt mich und ich wünsche mir, dass sich das nie ändert."

Frag einen Nomaden, der rastlos durch die Steppe zieht und das Zelt auf den Rücken seiner Kamele geschnürt hat, was Heimat ist, und er wird sagen: „Hier bin ich glücklich, in diesem Land, mit diesen Menschen. Dort, wo meine Sippe ist, dort ist Heimat, denn das sind die Menschen, die ich liebe."

Frag einen Soldaten, was Heimat ist, und er wird sagen: „Heimat ist das, woher die Briefe kommen. Heimat ist das, was ich verteidige, auch wenn ich ihr fern bin. Ich habe ein Land und dieses Land ist im Recht. Dafür bin ich bereit, andere Menschen zu töten und Leid über die Heimat anderer zu bringen. Heimat ist das, wohin ich zurückgehe, nachdem wir siegreich waren." *[Anmerkung: Der Autor möchte sich von diesen Worten distanzieren, denn er nimmt keine Aussagen von Menschen ernst, die eine Waffe tragen.]*

Frag einen Native American, was Heimat ist, und er wird sagen: „Heimat ist das, was uns genommen wurde. Das Land, die Bodenschätze, unsere Kultur. Vertrieben, abgeschlachtet, umgesiedelt in Reservate. Weiße haben sich unsere Heimat genommen und behauptet jetzt, sie sei ihre. Dort, wo Wolkenkratzer stehen, ist meine Heimat, doch für Tipi und Wigwam ist kein Platz mehr."

Frag einen Palästinenser, was Heimat ist, und er wird sagen: „Heimat ist mein Traum von einer besseren Zukunft! Ein Staat namens Palästina, ohne Mauern und Angriffe. Unsere Region wird seit zweitausend Jahren besetzt. Wir wollen nur unseren Frieden und einen Platz, der uns gehört. Davon träume ich, solange ich lebe."

Frag die 76-jährige Frau K. aus Neu-Borschemich, was Heimat ist, und sie wird sagen: „Borschemich, das war meine Heimat! Hier habe ich mit meinem Mann ein Haus gebaut und glücklich gelebt, bis zu seinem Tod. Danach ging ich jeden Tag auf den Friedhof. Den Friedhof gibt es nicht mehr, seit die Bagger von RWE kamen. Auch unser Haus wurde letztes Jahr abgerissen und ich musste nach NeuBorschemich umziehen. Ich habe eine 50qm-Wohnung bekommen, weil die Anwälte von RWE den Jetzt-Wert unseres alten Häuschens ersetzt haben, nicht den tatsächlichen Wert, nicht die gleiche Größe, nicht die Liebe und Arbeit, die wir in unser Heim gesteckt haben. Jetzt habe ich keinen Garten mehr. Wo einst meine Heimat war, rollen Bagger und bald werden es Förderbänder sein, die Braunkohle aus dem Boden holen... Ich habe keine Heimat mehr, sie sieht aus wie eine Mondlandschaft."

Ich habe Frau K. 2009 kennengelernt. Borschemich ist eine der letzten Ortschaften des Abbaugebietes Garzweiler, wo RWE Braunkohle abbaut, um Strom zu gewinnen. Strom, damit wir unsere Fernseher und Klimaanlagen betreiben können. Insgesamt sind in Deutschland über 100 Orte abgebaggert worden und es passiert noch immer. Zwangsumsiedlungen für wirtschaftliche Interessen… Und das in meinem Land, das ich einst Heimat nannte…

Wo immer ich stand, sah ich sie und wo immer ich ging, spürt' ich sie und wann immer ich träumt', roch ich sie und wann immer ich lachte, fühlt' ich sie. Doch ich lache nicht mehr oft, keine Frage, weil ich zu viel Trauer in meinem Herzen trage…

Frag mich, was Heimat ist, und ich sage dir: „Ich trug einst ein kleines Säckchen an meiner Brust, bis ich erkannte, dass man nicht in Grundstücks- oder Ländergrenzen denken kann. Ich ging auf den höchsten Berg und überließ dem Wind die Erde und den Sand meiner alten Heimat. Sie verteilten sich und verdeutlichten, was ich da schon wusste: Diese Erde, dieser ganze Planet, ist unser aller Heimat. Die Heimat der Schnecke, der Kröte, des Kängurus, des Indianers, des Palästinensers, der Menschen in Borschemich und anderswo. Es hängt alles zusammen! Und wenn wir nicht endlich damit aufhören, die Erde und uns selbst systematisch zu zerstören, dann sind wir bald alle heimatlos."

Über das künstlerische Motiv „Heimat"
Von Elias Raatz

Die Werke dieses Buchs zeigen, wie individuell der Begriff „Heimat" in Kunst und Kultur verstanden und interpretiert werden kann. Die unerfüllte Sehnsucht nach Heimat, einem zauberhaften Ort, der unerreichbar scheint, zieht sich als Motiv durch Film, Musik, Bildende Kunst, Theater und Literatur. Der amerikanische Mythenforscher Joseph Campbell untersuchte schon in den 1940er-Jahren, wie sich Menschen untereinander Geschichten erzählen. Die von ihm 1953 aufgestellte archetypische Grundstruktur von (Helden-)Erzählungen ist noch heute für die Literatur- und Medienwissenschaft zentral. Campbells sogenannte Heldenreise lässt sich auf etliche künstlerische Werke übertragen, ob geschrieben, gedreht oder gespielt. Grob zusammengefasst lässt sich das von ihm aufgestellte „Abenteuer des Helden" wie folgt: Durch einen Ruf und mit Hilfe von Mentor*innen verlässt der Held nach anfänglicher Weigerung die eigene Heimat. Er erlebt Versuchungen, Prüfungen, Versöhnungen und triumphiert schlussendlich durch das Besiegen des Drachen oder den Empfang eines Schatzes oder das erfolgreiche Werfen eines Rings in einen Vulkan oder … Nachdem der Held die Rückkehr in seine triste Alltagswelt anfänglich verweigert, ist in Campbells Erzähldramaturgie die Heimkehr stets eine der letzten Stationen der Heldenreise.

Das Verlassen der Heimat mit anschließender Rückkehr ist also zentral im menschlichen Geschichtenerzählen. Man denke an große Epen wie Star Wars, Harry Potter, Herr der Ringe sowie Die Hobbits oder auch Thomas Manns Buddenbrooks. Die künstlerische (und auch kulturelle) Beschäftigung mit Heimat lässt sich hervorragend an Michael Endes Buch „Jim Knopf und Lukas der Lokomotivführer" illustrieren. In dem Kinderbuch verlassen die beiden Protagonisten mit der Dampflokomotive Emma ihre Heimat, die winzige Insel Lummerland, um nach großem Abenteuer wieder zurückzukehren – und Jim wird selbst zum Lokomotivführer. Im Musical Wizard (Die Zauberer von Oz) wird Dorothy aus dem grau-braunen Kansas in eine Welt geweht, die viel bunter ist. Fernab ihrer Heimat, in der Zauberwelt Oz gestrandet, sucht sie ihren Weg zurück nach Hause, bis sie von ihrer eigenen Zaubergabe erfährt. Dorothy muss lediglich ihre rubinroten Glitzerschuhe dreimal aneinanderschlagen und sagen: „There's no place like home."

Natürlich lassen sich auch musikalisch einige Beispiele nennen, wie sich mit Heimat beschäftigt wird: Angefangen mit Herbert Grönemeyers Heimathymne „Bochum" aus dem Jahr 1984 über Wolfgang Ambros' mit „Es lebe der Zentralfriedhof" bis hin zu John Denvers „Take me home, country roads", wo er von seinem Sehnsuchtsort West-Virginia singt, obwohl Denver selbst vor Veröffentlichung des Songs noch nie dort war.

Eberhard Kleinschmidt

Mit über 80 Jahren ist Eberhard Kleinschmidt der älteste aktive Poetry Slammer Deutschlands. Nach seiner Promotion arbeitete er von 1972 bis 2004 als wissenschaftlicher Mitarbeiter an den Romanischen Seminaren der TU Braunschweig und der Uni Hannover.

Seit seiner Studienzeit ist er als Lyriker unterwegs und veröffentlichte 2009 den ersten von fünf eigenen Lyrikbänden. Zuletzt erschien „Der etwas andere Neujahrsgruß" bei Dichterwettstreit deluxe. Da Eberhard Kleinschmidt seine Lyrik gern vor Publikum selbst vorträgt, hat es ihn seit 2013 zu über 450 Poetry Slam-Auftritten verschlagen.

Mehr unter: www.eberhard-kleinschmidt.de

Wo wir zuhause sind ...
Fast ein Disput
Von Eberhard Kleinschmidt

Kennst du das Land, wo meine Träume blüh'n,
kennst du das Land, wo will mein Herz erglüh'n,
ein sanfter Wind vom blauen Himmel weht,
wo alles, was ich kenn', noch heute steht?
Das Land, dahin
geht immer wieder mir der Sinn…

Kennst du das Haus mit seinem roten Dach,
mit seinem Garten und dem kleinen Bach,
wo ich als Kind mit anderen beim Spiel,
ja, Freund mit ihnen sein, mein einz'ges Ziel?
Das Haus, dahin
geht immer wieder mir der Sinn…

Kennst du den Berg, dorthin auf steilem Weg,
wo droben ein Gewirr von Pfad und Steg,
wo wir in Höhlen suchten Abenteuer,
doch nie sich hat gezeigt das Ungeheuer?
Der Berg, dahin
geht immer wieder mir der Sinn…
(Zitat frei nach Goethe: Mignons Lied)

Das Lied, so ähnlich von Mignon gesungen,
von tief empfund'ner Sehnsucht ganz durchdrungen,
wo Land und Haus und Berg vertraut verbunden,
mit ihnen Menschen, wie es scheint, entschwunden,

wo Kindheit und Erinnerung sind eins,
dies Lied, wie's ist, ist es auch meins und deins?

Gewiss, wir denken immer mal zurück
an das, was war. War alles doch ein Stück
von unserm Leben, gleich, ob gut, ob schlecht,
wobei, was schlecht, getilgt alsbald zu Recht.
Die Kindheit, Jugend gerne wir bewahren,
doch das allein aus all den vielen Jahren?

Wir ändern uns, wir lernen, ziehen weiter,
wir klimmen höher auf der Lebensleiter.
Der Ort, wo wir gelebt, verändert sich
mit uns und vieles, was mal heimatlich
empfunden war: Wo blieb, was einst gemeinsam?
Sind ohne früh're Freunde wir nicht einsam?

Du hast, wie ich, manch andern Ort gesehen.
Der frische Wind, er sollte uns umwehen.
Das Leben, Welt und Menschen kennenlernen,
war die Devise. Raus hier! Sich entfernen
von allem, was alltäglich, war das Ziel!
Vielleicht war das jedoch für dich zu viel?

Was neu, es blieb im Grund' mir immer fremd.
Es hat mich eingeschränkt, ja gar gehemmt.
Ich spür' es bald: „Was die nur immer sagen,
die Leute hier? Wie die bloß denken, sich betragen?
Bin ich das? Nein! Ich fühl' mich hier nicht gut.
Nur weg! Zu bleiben, hab' ich keinen Mut."

Da bin ich anders. Nirgends, wo ich lebte,
selbst länger, ich an dem Vergang'nen klebte,
an Land und Leuten nicht, auch nicht an Städten,
an fremden Dingen, die nicht gut mir täten.
Doch nahm von der Begegnung ich stets mit,
wenn's für mein Leben war ein wicht'ger Schritt.

Wenn's fremd, verlier ich unter meinen Füßen
ganz schnell den Boden, und ich muss es büßen,
dass mir die Sicherheit verloren geht,
mein Tun und Handeln nicht wie sonst entsteht.
Ich kann mein Leben nur aktiv gestalten,
wenn um mich rum gewohnte Kräfte walten.

Für den, der sich die Zukunft neu erbaut,
muss es Umgebung sein, die ihm vertraut?
Muss unbedingt es eine Rückkehr sein?
Ein Wiederfinden, was er schon von klein
auf kennt an Menschenschlag, an Brauchtum, Raum?
Ganz ehrlich: So etwas befriedigt kaum!

Was ist es dann, was dich zufrieden stellt?
Wie muss der Platz denn sein, der dir gefällt?
Was muss er bieten, dass er dir genügt?
Auch dass zu deinem Wesen er sich fügt?
Ich merk's schon, wer bei dir nichts Neues sucht,
gar sesshaft, wird als eingeschränkt verbucht.

Ich kann doch Lebensorte neu erringen.
Warum soll das denn etwa nicht gelingen?

Ich kann doch dort auch neue Freunde finden,
mit unbekannten Menschen mich verbinden.
Ich kann doch andre Lebensarten kennenlernen,
auch ohne mich von meiner zu entfernen.

Nur geht es nicht allein um Land und Leute,
was draußen dich umgibt im Hier und Heute.
Bei aller Offenheit, die du mir zeigst,
der Aufgeschlossenheit, zu der du neigst,
wo bleibt dabei dein eignes Fühlen, Denken?
Gibst du dein Inn'res auf, willst dich verschenken?

Nein, nein! Ich gebe mich doch niemals auf,
nur weil verändert sich mein Lebenslauf,
auch wenn es mich verschlägt an einen Ort,
den ich nicht selbst gewählt hab ebendort.
Ganz gleich, wo ich auf meinem Wege bin,
ich nehm' ja selbst mich immer mit dorthin.

Was will das sagen, dass du überall
dich mitnimmst, wo du bist, in jedem Fall?
Was noch? Das Fühlen und das Denken nur?
Bin ich damit noch nicht auf deiner Spur?
Was hast du sonst noch im Gepäck dabei,
wenn du woanders bist, wo es auch sei?

Ist mehr, ein Stück von mir, 'ne eigne Welt,
die mich im Innersten zusammenhält.
Hier zieh' ich mich zurück, bin ganz allein.
Was immer mir gefällt, ich kann's dort sein.

Was andre draußen suchen, sich besorgen,
in meiner Innenwelt bin ich geborgen.

Du bist dort einsam in dir selbst gefangen.
Und einsam kannst zu keinem du gelangen.
Kannst nur allein dich auf dich selbst besinnen?
Kannst nur allein du wieder Kraft gewinnen?
Kannst nur allein du die Gedanken lenken?
Woran willst überhaupt allein du denken?

Allein kann ich nach Neuem Ausschau halten,
bin unabhängig, offen, frei, kann schalten
und walten, auf die Suche mich begeben
nach dem, was mich und anderes im Leben
zusammenhält. Das lässt mich niemals ruh'n.
Und einsam bin ich nie bei diesem Tun.

Wo schließlich aber deine, meine Heimat ist,
wo du auf deinem Weg zuhause bist,
ob du, wie's scheint, schon da bist, fest und stet,
ob meine Suche je zu Ende geht,
da bleiben wohl noch offen viele Fragen …

Lass es mit einem eignen Lied mich sagen:

Ein Lustort ist's, der freundlich mich empfängt,
ein Stück Natur, von Dichtern oft besungen,
in dem der Gast ist frei und unbeengt,
von Himmelsblau und Sonnenlicht durchdrungen.

Ich nehme meine Wünsche mit hinein
– die bunten Träume sich hinzugesellen –
und lasse sie erblühen und gedeih'n
inmitten all der Wiesen, Blumen, Quellen.

Im Schatten unterm Baum bei Vogelsang,
ganz ungetrübt von widrig äuß'ren Dingen,
geb' ich Gedanken Raum im Überschwang
und bring' in mir Gefühle zum Erklingen.

Wenn's auch gelingt, ihr Wesen zu benennen,
dann wachse ich an mir im Selbsterkennen.

Dieser Text erschien erstmals in:
Der etwas andere Neujahrsgruß.
Gedichte zum Jahreswechsel.
Von Eberhard Kleinschmidt
ISBN: 978-3-98809-000-3
www.dichterwettstreit-deluxe.de

Hanna Flieder

Hanna Flieder lädt seit 2016 mit ihren Texten zum Träumen und Nachdenken ein. Es ist ihr auf der Bühne und im Leben wichtig, an das Gute im Menschen zu glauben und daran zu appellieren. Bei ihren Auftritten präsentiert sie Texte zu den Themen mentale Gesundheit sowie Feminismus und nutzt die Gelegenheit gerne, um darüber aufzuklären. Sie hat jedoch auch eine Reihe träumerischer Lyriktexte im Gepäck. Außerdem spielt sie Theater und ist als Singer-Songwriterin unterwegs. Ihre Songs sind von ruhiger Art und laden zum Mitsummen ein. Oft verstecken sich eigene, metaphorisch verpackte Geschichten in ihnen.

Mehr unter: www.hanna-flieder.de

Graubunt-Stadt
Von Hanna Flieder

Der Asphalt
ist grau und hart.
Die Häuser
sind grau und karg.
Die Industrie
ist grau und alt.
Der Himmel
ist grau und kalt.

Ich sitze auf der Schaukel eines Spielplatzes, auf der ich schon seit über 20 Jahren sitze. Seit meiner Kindheit. Früher, um Spaß zu haben, wenn das Leben, mit ganz viel Schwung, an mir vorbeizischte. Heute sitze ich hier oft zum Nachdenken. Ich schaukle auch nicht richtig, sondern wackle hin und her und kicke dabei eine alte, verbeulte Dose von einem Fuß zum anderen.

Der Spielplatz wirkt grau. Als ich ein Kind war, da war das auch schon so, aber da fiel es mir nicht auf, da ich noch nicht viel kannte und grau daher nichts Uninteressantes war.

Diese Stadt hat nicht viel Farbe. Nur viele Autos, viel Industrie, viele Straßen, viel Lärm, viel Schmutz. Viel Grau. Ich denke, dass ich die Stadt nicht mögen würde, wenn sie mich nicht schon von klein auf gekannt hätte. Ich wurde hier geboren. Lebte hier. Fand hier meine Familie. Fand mich.

Die Stadt hat viel für mich getan. Sie hat mir ein Zuhause gegeben, irgendwo in ihrem westlichen Teil. Dort war alles behütet und geborgen.
Sie hat mir Bildung gegeben und die dazugehörigen *„Was soll der ganze Kram hier eigentlich?"*-Gedanken. Im Grunde hat sie mir beigebracht, Dinge auch mal zu hinterfragen.
Sie hat mir Freund*innen gegeben, die nebenan wohnten und ich war nur ein Klingeln weit von großen Abenteuern entfernt.
Sie hat mir Spiel gegeben, auf dem Spielplatz, auf der Straße, in den Häusern.
Sie hat mir einen Kiosk gegeben, mit Brausebonbons, Zitronenlimonade und Kaugummieis.
Sie hat mir einen Bäcker gegeben und die besten Schokobrötchen der Welt.
Sie hat mir ein Fahrrad gegeben, aufgeschlagene Knie und mich trotzdem wieder aufsteigen sehen.
Sie hat mir Kampf und Mut gegeben, Lachen, Treue, Vertrautheit, Verbundenheit und Liebe.
Sie hat mir alles gegeben: Leben.

Jetzt sitze ich hier auf der Schaukel und denke, dass es wohl die Stadt ist, von der ich weiß, dass sie immer noch so ist, wie ich sie schon immer kannte. Für mich ist sie Beständigkeit und das ist gut, denn ich merke, dass meine Füße jetzt locker den Boden berühren, von der Schaukel aus, auf der ich schon sitze, seit ich ein Kind war. Aber das bin ich wohl lange nicht mehr.

Manchmal macht mir das schnelle Erwachsenwerden Angst, es ist etwas, dass ich nicht anhalten kann, was einfach passiert und dann brauche ich genau diese Beständigkeit, diese Stadt, die immer schon da war und die auch da sein wird, wenn ich das nicht mehr bin. Für mich ist sie so viel mehr als Grau, denn so viel hängt daran. So viele Erinnerungen und Erfahrungen, die nach Schokobrötchen und Zitronenlimonade schmecken oder sich anfühlen, wie vom Fahrrad zu fallen, aber stark genug zu sein, um wieder aufzustehen.

Diese Stadt hat so viel. Nicht nur für mich. Sie hat alten Stahl, zusammengebaut zu einem Förderturm. Der Stahl ist rostig, aber standhaft. So wie die Leute es hier auch oft sind. Als der Stahl noch jung war, war Opa dort unter Tage und hat Kohle zu Kohle gemacht.

Die Stadt hat Geschichte, verborgen zwischen Grün und Villa. Versteckt unter der Erde, schlummern da ruhig immer noch Splitter des Krieges, die heute noch gefunden werden. Die Stadt will nicht, dass wir die Vergangenheit vergessen, sondern, dass wir aus ihr lernen können.

Sie gibt uns Wasser, Sonne und Segelboote. Sie hat einen riesigen See, hat Ruhe und Ruhr. Sie schenkt uns Kultur, verpackt in Theater und Musik. Sie hat ein Zentrum, in dem ein alter Dom steht. Mitten in der Stadt. Und mitten in der Stadt ist da auf einmal Stille. Im Hof der Kirche ist alles still. Als müsste die Stadt dort luftholen und durchatmen, um wieder klar denken zu können.

Die Stadt hat das alles für uns, weil sie uns gernhat. Wir wären nicht ohne sie und sie nicht ohne uns. Eine Symbiose.

Der Asphalt
ist grau und hart.
Die Häuser
sind grau und karg.
Die Industrie
ist grau und alt.
Der Himmel
ist grau und kalt.

Das ist nur der Blick von außen.
Aber unter dem Grau,
da ist Farbe.
Unter dem Schmutz
ist Glut, ist Feuer, ist Wärme.
Die Menschen hier sind neugierig,
liebevoll und sehenswert.
Genau wie diese Stadt,
die so viel zu geben hat.

Ich kicke die Dose weg und hole Schwung auf der Schaukel, die mich jetzt schon seit über 20 Jahren kennt. Das Leben zischt an mir vorbei, wie es das, als ich ein Kind war, auch schon immer getan hat. Obwohl alles in Bewegung ist, hat es doch Beständigkeit, denke ich. Vielleicht liegt das genau an dieser Stadt. Denn sie ist mein buntes Fleckchen Heimat. Auch wenn ich das Bunte in ihr oft suchen musste, es war immer da. Manchmal denke ich, dass diese Stadt nur einen grauen Mantel anhat, den sie an der Garderobe bei den Menschen abgibt, die sie „Heimat" nennen und unter dem grauen Mantel, da trägt sie immer völlig bunte Kleider. Aber die zeigt sie nicht jedem. Es ist eben eine Vertrauenssache, in beide Richtungen.

Der Asphalt
verbirgt neue Strecken.
Die Häuser,
die sind warme Decken.
Die Industrie
macht alles neu und Ecken rund.
Und unter dem Himmel
ist alles bunt.

Robert Muecke

Robert Muecke heißt eigentlich anders und verbrachte seine ersten 22 Lebensjahre in der ostdeutschen Weltmetropole Gera, bevor er ins Exil nach Jena floh. Dort fing er 2018 auch mit dem Studium der Informatik und sozialen Arbeit an. Zur gleichen Zeit begann er, Texte zu schreiben und diese auf Poetry Slams, Diary Slams und Lesebühnen vorzutragen. 2019 und 2024 nahm er erfolg- aber nicht sinnloserweise an der Thüringer Meisterschaft im Poetry Slam teil.

Er ist regelmäßiger Gast der Erfurter Lesebühne „LEA". Darüber hinaus organisiert und moderiert er Poetry Slams in Ostthüringen.

Mehr unter: @la_muecke auf Instagram

Mein Zuhause
Von Robert Muecke

Vorwort:

Dieser Text war der erste persönliche und emotionale Text, den ich geschrieben habe. Er entstand zu einer Zeit, in der sich auf vielen Ebenen vieles in meinem Leben geändert hatte. Und wie die meisten jungen Menschen habe ich nicht nur nach meiner eigenen Identität, sondern auch nach der Bedeutung von „Zuhause" gesucht.

Mehr als fünf Jahre später bin ich meinem Ziel schon ein kleines Stück nähergekommen, doch gewinnen die verschiedenen Formen des „Zuhauses" gerade in Zeiten von Kriegen und Spaltung immer mehr an Bedeutung. In diesem Sinne wünsche ich allen Leser*innen dieses Textes ein sicheres und liebevolles „Zuhause", egal wie das aussehen mag.

Kalter Wintertag.

Die Uni war wieder langweilig und ich laufe durch den leichten Nieselregen. Mich fröstelt und ich habe keine Kapuze. Alles in mir und um mich ist einfach nur ungemütlich. Jetzt noch schnell zum Supermarkt. Die ungesunde Tiefkühl-Pizza kommt genauso in den Einkaufswagen wie etwas Schokolade, die dann doch wochenlang unberührt bleibt.

Ab zur Kasse, Bankkarte auflegen und nichts wie weg. Noch ein bisschen schwer bepackt durch den Regen zum Bus. Das Tageslicht ist längst dem der Laternen gewichen.

Der Bus hat Verspätung. Wenig später geht die Tür auf, Menschen strömen finster blickend heraus, einige lächeln doch. Ich frage mich, wohin sie wohl gehen. In ihre Wohnungen? Zu ihren Liebsten? Oder doch auf Arbeit? So viele Menschen, die ausstiegen, so viele wollen jetzt hinein. Und ich zwischen Ihnen. Ich habe einen Zweiersitz für mich. Genug Platz für mich im dicken Mantel. Kopfhörer rein und der Bus rollt los.

Die Welt draußen ist kalt und ungemütlich. Ein leichter Regen fällt, die Luft ist neblig und der Himmel aschgrau. Nichts sieht freundlich aus da draußen. Einige Tropfen bleiben an der Scheibe haften. Ich beobachte, wie sie ihre Linien über das große Fenster ziehen und irgendwann verschwinden. Schon als Kind hat mich das fasziniert. Die Gespräche im Bus sind laut, die Musik auf meinen Ohren zum Glück noch lauter. Meine Brille bleibt noch immer beschlagen. Ich will nicht hier sein.

Einige Zeit später biege ich um die Ecke, um die ich schon mit sieben Jahren gebogen bin. Die Ecke, die mir sagt: „Gleich bist du da!" Mein Kopf denkt nicht mehr über den Weg nach, er kennt jeden

Stein. So viele Geschichten habe ich mir dabei schon erdacht. Meine Beine tragen mich wie auf Schienen immer weiter bis zur Tür. Ich nehme den Schlüssel, der schon fast mein ganzes Leben mir gehört und stecke ihn ins Schloss. Er schließt, wie immer. Natürlich schließt er. Natürlich kenne ich jeden Stein, jede Stufe und einfach alles, alles hier. Ich bin ja zuhause. Tür auf, Rucksack ab. Es ist warm. Ich bin da. Ich bin zuhause.

Zuhause. Zuhause war für sehr lange Zeit ein Ort. Ein Ort, an dem ich morgens aufwachte und an dem ich abends einschlief. Erst aus Zwang, später freiwillig. Ein Ort, an dem immer alles war. Meine Eltern, mein Bett, mein Leben. Ich habe dort alles erlebt. War glücklich und traurig, habe die Welt genauso gehasst und geliebt wie mich selbst.

Und doch war es auch immer dieser Ort, der wie ein Fels war. An dem immer alles gut war. An dem immer jemand war und es noch ist. Es gibt so viele Erinnerungen hier. Hier stand mal mein Hochbett und dort hab' ich so viele Hausaufgaben gemacht, bis mir der Kopf rauchte.

An der Wand hängen Fotos, Karten, Erinnerungen. Erinnerungen an schöne Momente, an Menschen, die mir was bedeuten und es immer werden. Manchmal riecht es nach Kuchen oder Plätzchen und oft war ich daran beteiligt. Überall sind

Pflanzen und Blumen die lange überleben, meine Hose liegt gewaschen und gebügelt im Schrank. Kaum angezogen ist sie voller Katzenhaare. Keinen stört das. Es geschieht wie von selbst. An diesem Ort der wie selbstverständlich mein Zuhause war.

Zuhause. Zuhause, das war mal ein Mensch. Ein Mensch, neben dem ich immer morgens aufwachen und abends einschlafen wollte. Nicht immer ging das, aber wenn, dann fühlte ich mich zuhause. Zuhause in einer Wohnung, die nicht meine war, mit vielen Gegenständen, die nicht mir gehörten. Zuhause, weil nicht an den Ort gebunden. Zuhause, weil an den Menschen gebunden.

Zuhause, weil da jemand war. Jemand der mich liebte, manchmal mehr und manchmal weniger, und doch immer da war. Zuhause waren nicht Bett, Sofa und Bad. Nicht die Straße, nicht das Haus und nicht der Raum. Zuhause war das Herz.

Zuhause ist jetzt hier. Wenn ich in meinem Bett liege, das in meiner Wohnung steht und auf meinem Fernseher meine Lieblingsserie schaue und mein Lieblingsessen koche, bin ich zuhause. Ein Zuhause, in dem nur ich bin. In dem nichts von selbst geschieht. In dem ich für alles verantwortlich bin. Oft ein freies, manchmal ein einsames, aber immer MEIN Zuhause.

Und doch gibt es „ein Zuhause" und „mein Zuhause". In einem bin ich schon sehr lange, bin nicht
allein und immer geliebt. Das andere hab' ich nur
für mich, bin frei. Aber welches ist mein Zuhause?
Gibt es überhaupt DAS Zuhause? Vielleicht kann
man auch mehr als eins haben. Vielleicht sollten
mehr Menschen überhaupt ein Zuhause haben.

Zuhause kann ein Ort sein, Zuhause können
Menschen sein, Zuhause kann so vieles sein. Zuhause ist für manche auch eine Religion und der Gedanke, dass alles einem höheren Zweck oder Plan
dient. Man kann ein Zuhause verlieren und ebenso
ein neues finden. Und jede*r sollte mindestens eins
davon haben.

Vielleicht, nur vielleicht, werde ich in meinem
Leben das eine Zuhause finden. An einem Ort und
in einem Herzen. Ein Zuhause, in dem Pflanzen
überleben, in dem es Leben gibt und nach Kuchen
riecht. In dem ich abends einschlafen und morgens
aufwachen möchte.
Das Eine, in das meine ungeborenen Kinder
einmal wie auf Schienen laufen werden, in dem sie
jeden Stein und jede Pflanze kennen. Von dem aus
sie sich, wie ich, auf die Reise machen, um ihr eigenes zu finden. Und ich glaube dann, dann bin ich
wirklich da.
Zuhause.

Klaus Urban

Klaus Urban war hauptberuflich Professor an der Universität Hannover und ist seit über fünfzig Jahren wissenschaftlich und literarisch schreibend tätig. Neben publizierten Gedichten und Kurzprosatexten wurden auch seine Fotografien, Zeichnungen und Radierungen ausgestellt. Darüber hinaus ist er als Slam Poet und Liedermacher vielerorts unterwegs. 2021 erschien das „Klaus Urban Songbook" mit über 150 Songs und 2023 die eigene Textsammlung „Das Blaue vom Himmel". Als Slam Poet erreichte Klaus Urban unter anderem 2012 das deutschsprachige Finale und wurde 2019 niedersächsisch-bremischer Landesmeister.

Mehr unter: www.klausurban.com

Süße Heimat?
Von Klaus Urban

Ich bin aus dem Ort, in dem ich geboren wurde, vertrieben worden. Allerdings noch bevor ich wusste, was Heimat ist oder sein könnte, als meine Mutter mit mir knapp Zweijährigem vor den russischen Soldaten aus dem Sudetenland floh. Ich bekam einen Flüchtlingsausweis – den ich heute noch habe – und war offiziell ein Flüchtling an dem Ort in Niedersachsen, der mir dann eigentlich zum ersten bewusst erlebten „Zuhause" wurde.

Wie lange aber bleibt man Flüchtling oder ein Nicht-Verorteter? Ich bin immer noch heimatlos, denn ich habe nie einen Heimatausweis erhalten. Oder ist etwa dieses Dokument zu meiner Person, diese kleine Plastikkarte, solch ein Ausweis? Ein Gefühl von Heimat vermittelt sie mir nicht. Trotzdem ein Beweis, dass ich eine Heimat habe?

So viele wollen diesen Ausweis und hoffen, dass sie dann eine neue Heimat bekommen. Aber Heimat wollen, ist nicht Heimat haben, vor allem, wenn die Heimischen nicht wollen, dass die anderen hier Heimat haben sollen und man sie eben nicht heimisch werden lässt.

Freiwillig oder umständehalber oder aber gezwungenermaßen ständig auf Heimat- und Identitätssuche oder Heimat- und Herkunftsvergewisserung zu sein, scheint ein allgemein menschliches

Schicksal. In fast jeder Familiengeschichte gibt und gab es irgendwann Umzug, Auswanderung, Weggang, Umsiedlung, Emigration, Evakuation, Ausweisung, Vertreibung, Verstoßung, Deportation, Verbannung, Flucht.

Ist Familie, sind die Menschen meiner Familie Heimat – egal, wo sie leben? Heimat für meine Urgroßeltern verkörperte das Kaiserbild über dem heimischen Kohlenherd. Bei meinen Großeltern war es neben Spitzweg-Bildern der „Röhrende Hirsch" über dem Plüschsofa zusammen mit einem großen Geweih, das mein Opa selber erschossen hatte. Für meine Eltern war es das Wohnzimmer, in dem wir Menschen einer Familie Hausmusik (Haus bitte auf Deutsch geschrieben!) mit Geigen und Klavier gemacht haben, und wo meine Eltern sudetendeutsche Lieder innig zweistimmig gesungen haben.

Und für mich ist es ein bisschen der Platz, an dem die überdimensionierte Weltkarte an der Wand hängt, auf der ich mit roten Steckknöpfen all die Orte auf allen Kontinenten markiert habe, in denen ich bisher gewesen bin – denn wir leben vielspurig. Ich halte es da mit Kurt Tucholsky: Wie er lasse ich mich in Bezug auf Patriotismus gerne von jedem übertreffen; ich fühle international.

In Heimat steckt Heim – aber „Heim" steckt auch in heimlich, in unheimlich, in geheim und daheim. Aber war man irgendwo daheim, wenn man in seinem Leben 26-mal den Wohnort gewechselt hat? Wieder einmal ist alles relativ. Für Nomaden ist Heimat nicht ein bestimmter Ort, sondern eine Tätigkeit, ein Prozess; sie machen Heimat, indem sie sich von Ort zu Ort bewegen.

Dazu knarzt Herbert Grönemeyer passend „Heimat ist kein Ort, Heimat ist ein Gefühl" und es gibt kaum einen Dichter oder Songschreiber, der nicht irgendwann mal Heimat bedichtet oder besungen hat: von Ludwig Uhland über Brecht, Tucholsky, Elvis, Simon & Garfunkel, Depeche Mode, Leonard Cohen, Adele, ja, bis zu Johannes Oerding. Wenn dann auch noch ein sogenannter Sido 2015 zur deutschen Heimat meint „reimen" zu müssen:

„Ich lieg' immer, wenn ich Zeit hab'
auf der Wiese vor dem Reichstag
denn ich bin einfach begeistert
von meiner kleinen Heimat",

dann wird mir schon arg weh ums Herz, wenn nicht gar arg fern-weh.

Ist Heimat dort, wo mein Volk ist? Vor über 30 Jahren hat sich das Volk des anderen Deutschlands, das seit meiner Kindheit das böse Deutschland war, im wahrsten Sinne des Wortes nachhaltig bemerkbar gemacht. Mit dem Ruf „Wir sind das Volk!" hat es sich friedlich den Weg in die Freiheit erkämpft. Ja, das war und ist auch mein Volk – gewesen. Aber wo ist mein Volk heute? Dort, wo es nur blind herausbrüllt „*Wir* sind das Volk!? *WIR*, die anderen nicht!"

Auch wenn es vorgibt, das „aufwachende" Abendland retten zu wollen, nein, das ist nicht *mein* Volk – weil es nicht inklusiv und bunt, sondern exklusiv und einfarbig, wenn nicht gar braun, sein oder werden will…

Heimat kann da entstehen, wo ich frei heraus sagen kann, was ich will, was ich meine, was ich glaube, was ich denke, wo man mich ernst nimmt und annimmt, wie ich bin, und nicht nur annimmt, dass ich irgendwie sein könnte, sollte oder müsste.

Vielleicht ist Heimat da,
wenn oder wo
dein Herzschlag synchron
mit einem anderen schlägt,
die Seele sich zum Baumeln
in die Vertrauenshängematte legt,
wenn jeder Mensch deine
und seine Herkunft vergisst
und deshalb Vielfalt
keine Deko ist,
wo Barbarei schon längst
nicht mehr menschlich ist,
und keiner dir ständig
die Leviten liest,
wenn Lachen und Lächeln
Muttersprache ist,
wo frei Atmen
nicht nur physiologisch ist,

wenn du frei
von Angst und Terror bist,
wo Identität nicht bloß
eine Frage der Herkunft ist,
wenn das Gute im Ich
sich nicht an Barbaren misst
und das „gewaltfreie WIR"
an der Tagesordnung ist,
wo Leben ist
nicht bloß Gnadenfrist,
wo du Aktivist bist
und nicht nur Statist,
wenn dein Zorn gebraucht wird
und nicht linkerechte List,
wo sich einzumischen lohnt,
weil's deine Zukunft ist.

Und da, wo gleichzeitig der Hintern so lange überlegt, ob er hochkommt, dass der Kopf sich schon längst wieder zur Ruhe gelegt hat.

Heimat ist da, wo man mich versteht, auch wenn ich die Sprache dort nicht verstehe. Und zuhause bin ich da, wo man meine Muttersprache spricht. Das kann überall sein. So gesehen haben die Engländer noch viel mehr Heimat als wir Deutschen, obwohl sie gar kein eigentliches Wort für „Heimat" haben. Aber im Englischen heißt Muttersprache „mother-tongue" – das gefällt mir sehr. Das ist die Mutterzunge oder Zungenmutter – und mit der Zunge schmeckt man.

Und so habe ich zumindest zeitweilig eine Heimat; nämlich überall dort, wo es mir schmeckt, und zwar in Gesellschaft: Bacon-Bagel in Boston, Bouillabaisse in der Bretagne, Currywurst in Kreuzberg, Dorade in Granada, Falafel in Casablanca, Fischbrötchen in Cuxhaven, Lachs in Lahti, Patatas de canarias in La Palma, Heidschnuckenbraten in der Lüneburger Heide, Soljanka in Schwerin, Kohl und Pinkel in Oldenburg – oder Herrgottsscheißerle in Schwaben; aber kein Wiener Schnitzel am Prater, kein Zürcher Geschnetzeltes in Gstaad, kein Plastik-Risotto bei Reyer-Air und vor allem kein Köttbullar bei IKEA.

Besonders gut aber schmecken mir alle Sorten von Dessert, sei es Altländer Apfelsuppe, mit Honig überbackene Banane in Bangkok, Buchweizenpfannkuchen in Lüneburg, Panna cotta in Pisa, Pawlowa in Perth, Kaiserschmarrn im Karwendel, Lussekatter in Lund, Crème Brûlée in Barcelona, Dattel-Eis in Malaga, Schoko-Croissant an der Champs-Élysée, Welfenspeise aus Hannover und Eentje-beentje-Torte gebacken von meiner Süßen – also, Süßes halt.

Und da bekommt der Titel dieses Textes eine wirkliche, tiefere, wohlschmeckende und wohlverdaute Bedeutung:
Heimat, *süße* Heimat!

Ein Gedanke im Geiste Ernst Blochs
Von Elias Raatz

Der 1977 in meiner Wahlheimat Tübingen ver-
storbene Philosoph Ernst Bloch meinte, Heimat sei
„etwas, das allen in die Kindheit scheint, und worin
noch niemand war". Heimat sei gleichzeitig natür-
liches Kindheitsgefühl, eine endlose Suche nach
Zugehörigkeit, der sinnliche Wunsch nach Geborgenheit, doch gleichzeitig auch ein Gespinst, das gar
nicht richtig gegriffen (und verfolgt) werden kann.

Eine solche „Ungreifbarkeit" ist in Blochs Heimatbegriff zentral, denn „Heimat" verliere immer
mehr ihre Bindung an einen Ort, an ein Land und
an eine Nation. „Heimkehren" kann laut Bloch auch
bedeuten, einen physisch existenten Ort zu verfeh-
len, um bei sich selbst anzukommen. Das Leben als
ein Heimweg zu sich selbst?

„Heimat ist der unerreichbare Ort der Geborgenheit, das Innere der eigenen Geschichte, das sich
immer wieder zu entziehen weiß. Heimat bedeutet
klebriges Verhaften, aus dem man sich lösen muss,
um nicht zu ersticken."

Demnach kann man nicht nur stets auf der Suche sein, auf dem Heimweg zu sich selbst, man muss
es gar, um nicht im gleichen Trott von „eat, work,
sleep, repeat" zu verenden. Heimat suchen bedeutet
also, sich immer neu zu erfinden, offen zu sein, eben
immer auf der Suche nach ihr zu bleiben.

Sadaf Zahedi

Sadaf Zahedi (*1985) ist ein Kriegsflüchtlingskind aus Afghanistan und lebt seit ihrem dritten Lebensjahr in Deutschland. Beim Sprechen ihrer Texte folgt die Autorin der besonderen Melodie und Betonung, welche die Sprachen Urdu und Farsi prägen. Die Einnahmen ihrer Lesungen fließen in ihr Projekt „Bildung ohne Bücher". In jeder freien Minute versucht sie aufzuschreiben, was ihre Kindheit in einer Familie zwischen Krieg, Flucht und Heimatlosigkeit auf der Suche nach der wahren Liebe geprägt hat. Sie möchte besonders Frauen und Kindern vermitteln, wie wichtig Liebe zu sich selbst und die Achtung vor dem eigenen Leben ist.

Mehr unter: www.sadafzahedi.de

Vaatane man
Von Sadaf Zahedi

Tu
Jak chobe budi
Domanhe soro budi

Ich beschreibe dir heute mein Land,
von da, wo ich herkomme.
Aus fernen Reisen und Bücher wälzt du,
um dir zu beweisen, dass du wüsstest, wer wir sind.
Was ich eigentlich tue, in deinem Land.

Meine Heimat war einst ein Land,
von lächelnden Sonnen getragen.
Märkte, an denen Frauen auf den Straßen
die Fladen drehten, auf Steinen wälzten,
Kinder mal lachten und Drachen nun stiegen,
verspielt am Himmel biegen.

Die Menschen leben vor sich hin,
der Tag vergeht geschwind.
Bis plötzlich landen Flieger rein,
auf meinem Boden meines Landes,
setzen sie sich nieder ein.
Aussteigen tun große, weiße Männer,
mit Stahlhelmen geschmückt
und Uniformen tragend.
Die Schule endet, die Kinder gehen Heim,
was keiner weiß: das Schrecken kommt herein.

1979

Ein Gewitter zieht auf,
dunkle Wolken ziehen über Kabul nun hinauf.
Schrecken weitet, das Böse naht
und niemand versteht bis heute,
was da nun wart.

Ein Königreich, das doch
ziemlich westlich scheint,
Frauen in Kleidern die Straße betreten,
unter ihren Armen ihre Bücher tragend.
Musik durch die Bars der Gassen erklingt
und Menschen, deren Lachen
bis zu den Dächern nun hallt.

Einst ein Ziel für Hippies zu reisen,
man glaube es kaum,
auf den Straßen gab es Schnitzel zu speisen.
Nicht genügend aus und nicht ausreichend genug.
Der große weiße Mann kommt
in mein Land nun ein,
und nimmt gewiss, nimmt gewiss,
meine Heimat ein.

Mein Land soll kommunistischer werden,
das Regime gestürzt,
um milde zu sein, man setzt einen Mann
namens Babrak Karmal ein.

Die Amis versorgten die Falschen
mit Gewehren und Waffen und sorgten dafür,
dass Krieg nun ausbricht.
Mujaheddin, die dann die Mittel besaßen,
die Sowjets zu bekämpfen,
es ginge um morgen,
das Land zu halten,
und irgendwie nicht zu spalten.

1989

Geschlagen gibst du dich
und gehst nach neun Jahren nun hinfort.
Was du uns hinterlässt
sind nur Bomben,
Mienen und Panzer an jenem Ort.
Wo einst mal Schulen waren
sind nun Steinhaufen geblieben,
unter Trümmern und Asche.

Ich, ich bin gezwungen,
mein Land zu verlassen,
als Kind fremden Boden
unter meinen Füßen zu fassen.

Ich beschreibe dir heute mein Land,
von da, wo ich herkomme.
Aus fernen Reisen und Bücher wälzt du,
um dir zu beweisen, dass du wüsstest, wer wir sind.
Was ich eigentlich tue, in deinem Land.

Meine Heimat war einst ein Land,
von lächelnden Sonnen getragen.
Märkte, an denen Frauen auf den Straßen
die Fladen drehten, auf Steinen wälzten,
Kinder mal lachten und Drachen nun stiegen,
verspielt am Himmel biegen.

Ich beschreibe dir heute mein Land.
Ruhe kehrt längst nicht ein,
der Bürgerkrieg bricht aus,
über zwölf Jahre herein.
Doch auch dies sei noch lange nicht genug,
so kommen die Männer
mit langen Bärten an ihren Zug.

Väter werden umgebracht,
Kinder sollen nun zur Schlacht
und Frauen
wird das Recht auf Bildung genommen,
gezwungen zur Burka.
In meinem Land
gibt es weder Hoffnung
noch Entkommen.

Die größten Buddha-Statuen der Welt
standen in meinem Land,
was anderthalb Jahrtausende stand,
wurde über Nacht zerstört,
im März 2001 von Taliban,
durch die Medien gehört.

2014

Der NATO-geführte ISAF-Einsatz endet.
Immer noch keine Ruh.

2021

Auch die letzten Truppen verlassen dich,
geben dich auf,
hinterlassen dich verwundet und laut.
Denn heute weiß man, es heißt:
„Afghanistan, du verletztes Land,
niemand wird dich retten,
nicht mal eine, eine Hand."
Wie beschreibe ich dir heute mein Land?

Frauen in Kleidern mit leuchtenden Farben,
unter ihren Armen ihre Bücher tragend,
auf dem Weg zur Universität mal waren.
Sonnenbrillen auf ihren Gesichtern,
das Haar offen fallend.
Vom Wind die Strähnen ins Gesicht geblasen.

Von all deiner Schönheit, die die Welt dir nahm,
ist nichts weiter geblieben,
als Schutt und Asche und Boden,
auf dem nun Mienen liegen.

Afghanistan,
du kommst nie mehr zur Ruh.

Marcel Ifland

Der 1988 im Ruhrgebiet geborene Marcel Ifland ist hauptberuflich Elektromonteur für Tankstellentechnik. Als einer der Hauptautoren der satirischen Internetenzyklopädie „Stupidedia.org" verkorkste er den Humor einer ganzen Internet-Generation. Irgendwann jedoch starben die Dinosaurier aus, Luther nagelte Thesen an Türen und Stupidedia stellte ihren Betrieb ein. Da man ja irgendetwas machen muss, wenn man zu jung für den Fernsehgarten und zu unbekannt fürs Dschungelcamp ist, hat Marcel Ifland seine Aktivitäten ab 2019 vermehrt auf die Bühne verlagert. 2023 erschien sein Buch „Makaken und andere Katastrophen: 40 Texte für 40 Lebensplagen" bei Dichterwettstreit deluxe.

Das grüne Haus
Von Marcel Ifland

In einer ruhigen Seitenstraße am Rande einer
kleinen Stadt, gegenüber eines Bachs und paar Pferdewiesen, da steht ein altes quietschgrünes Haus.

Seine Bewohner sind mir wohlbekannt. Sie sind
meine Großeltern. Und dieses kleine, grüne Haus ist
meine gesamte Kindheit hindurch mein zweites Zuhause gewesen. Dieses Haus hat vieles gesehen und
vieles erlebt. Fünf Jahrzehnte Familiengeschichte.
Hier ist mein Vater aufgewachsen, hier wurden Beziehungen geknüpft und beendet, Streit begonnen
und beigelegt. Hier wurde geredet, gelacht, geweint
und vor allem gelebt. Die Anekdoten um dieses
Haus sind zahlreich.

Noch immer erzählt meine Oma lachend von
Floßfahrten auf dem kleinen Bach, wenn dieser
nach heftigen Sommergewittern auf die Größe eines
schiffbaren Flusses anschwoll. Oder die legendäre
Geschichte von meinem Vater, wie er sich als Kind
beharrlich weigerte, ein der benachbarten Koppel
entflohenes Pferd aus dem Garten freizugeben, weil
er „es schließlich gefunden hat und somit behalten
darf". Noch immer kursieren die Geschichten von
einer zahmen Krähe namens Micha, die Oma per
Hand aufgezogen hatte und die sich dann ihr gesamtes Vogelleben weigerte, das Grundstück zu verlassen, um stattdessen im Geräteschuppen wohnen

zu bleiben. Erster Klasse, all Inclusive und Ausflüge inbegriffen. Das versteht sich von selbst.

Denke ich an dieses Haus, denke ich an mich als Kind an Samstagnachmittagen vor dem Radio, an die Bundesligakonferenz, wie ich Tor um Tor quer durchs Haus schreie, damit die Erwachsenen in der Küche bloß jedes Ergebnis mitbekommen. Und selbstverständlich auch die Namen der Torschützen, ob die Erwachsenen sie hören wollten oder nicht: Ulf Kirsten, Olaf Marschall, Stefan Beinlich, Heiko Herrlich, Giovane Élber und Lars Ricken hallten ungehemmt durch die Nachbarschaft.

Denke ich an dieses Haus, sehe ich unseren alten Familienhund im feinsten Galopp Kreise über die Rasenfläche im Hinterhof ziehen, animiert von Opa, der ungelenk in grünen Badeschlappen hinterherhetzt und sich freut, dass wieder einmal richtig Leben in der Bude ist.

Denke ich an dieses Haus, denke ich an mich, wie ich mit meinem ersten Auto unbeholfen die schwierig zu nehmende Auffahrt hochfahre. An die erste wirklich ernsthafte Freundin auf dem Beifahrersitz, um sie meinen Großeltern vorzustellen, weil sie für mich diejenige welche ist und in den Kern unserer Familie eingeführt werden muss, jenen Kern, dessen Epizentrum dieses kleine, grüne Haus darstellt.

Denke ich an dieses Haus, denke ich an mich, wie ich mit meinem ersten Auto nicht mehr ganz so unbeholfen die schwierig zu nehmende Auffahrt hochfahre, niemanden auf dem Beifahrersitz, weil ebenjene leider doch nicht diejenige welche war, ich mich gerade etwas verloren fühle, eine Auszeit von meinem Alltag benötige und dies hier der Ort ist, an den ich immer zurückkehren kann, wenn ich solch eine Auszeit benötige. Hier, wo Opa meine Ankunft bereits am Blätterrauschen zu bemerken scheint und das Einfahrtstor bereits geöffnet ist, bevor ich mein Kommen auch nur angekündigt habe.

In einer ruhigen Seitenstraße am Rande einer kleinen Stadt, gegenüber eines Bachs und paar Pferdewiesen, da steht ein altes, quietschgrünes Haus.

Seine Bewohner sind mir unbekannt. Sie sind fremde Menschen. Opa starb vor über zehn Jahren und mit ihm die Magie dieses Ortes. Wir spürten es alle, am meisten natürlich Oma, die allein zurückblieb. „Was nützen die schönsten Anekdoten und Erinnerungen, wenn im Hier und Jetzt in jeder Sekunde offenkundig wird, dass das Wichtigste fehlt?", resümierte Oma, als sie das Haus knapp zwei Jahre nach Opas Tod verkaufte.

Und hier stehe ich nun, Jahre später, vor dem geschlossenen Einfahrtstor und blicke auf einen vertrauten Hinterhof. Optisch hat sich wenig verändert. Das Haus ist dasselbe wie es immer war, nur die Hecke an der Straße ist verschwunden und ein anderer Name steht an der Klingel. Ich schließe die Augen und sehe Opa keine 30 Meter entfernt vor seinem Geräteschuppen stehen, die Füße in seinen grünen Badeschlappen steckend, darauf wartend, dass wieder Leben in die Bude kommt und das Blätterrauschen ihm verrät, wann er das Einfahrtstor öffnen muss – und weiß doch im selben Moment, dass er dies nie wieder tun wird und all das hier nichts weiter als das Echo einer längst vergangenen Zeit ist.

Im selben Moment ertönt aus dem kleinen Zimmer oben rechts im Haus, welches einst mein Zimmer war, ein Ruf. „EINS ZU NULL FÜR DORTMUND!", verkündet eine laute Kinderstimme, dicht gefolgt von einem langgezogenen „JUUUUUULIAN BRAAAAAANDT!"

Ich öffne die Augen und sehe die Dinge nun klarer. Die Geschichte dieses Hauses ist nicht vorbei. Sie befindet sich lediglich in einem anderen Kapitel. Ein Kapitel, geschrieben von Menschen, die vielleicht gar nicht so anders sind als wir. Dieses Haus hat vieles gesehen und vieles erlebt. Dieses Haus WIRD noch vieles sehen und vieles erleben. Hier werden weitere Menschen aufwachsen, hier werden Beziehungen geknüpft und beendet, Streits begonnen und beigelegt. Hier wird geredet, gelacht, geweint und vor allem gelebt. In dieser Bude herrscht Leben. Genauso, wie Opa es immer wollte. Er würde seinen Spaß daran haben.

Und wer weiß, in 20 Jahren steht vielleicht ein anderer Mensch am Randstein dieser immer noch schwierig zu nehmenden Einfahrt, um zurückzublicken. Zurück auf einen Schwall von Anekdoten und Erinnerungen hier, an sich und all die anderen Leute in diesem kleinen grünen Haus in einer ruhigen Seitenstraße am Rande einer kleinen Stadt, gegenüber eines Bachs und paar Pferdewiesen. Ein Mensch, vielleicht gar nicht so anders als ich.

Aber ich werde jetzt umkehren. Oma wohnt nur zwei Straßen entfernt und ich wette, sie möchte wissen, wie es gerade in Dortmund steht.

Es steht 1:0 durch Brandt, habe ich mir eben gerade sagen lassen.

Treppenhaustwitter
Von Marcel Ifland

Unten links in meinem Wohnhaus lebt ein älterer Herr. Sein Name ist Willi. Zumindest das ist sicher. Wie alt Willi eigentlich genau ist, das wiederum weiß niemand. Nicht einmal die Paläontologen, die ihn jeden Mittwoch besuchen, sind sich in dieser Frage so wirklich einig. Fakt ist, dass es wohl ein paar Jahre mehr sind. Es ist nicht einmal klar, wie lange Willi bereits in diesem Haus lebt. Düstere Legenden besagen, man habe irgendwann Ende des 19. Jahrhunderts das Haus einfach um Willi herum gebaut, als er kurz im Sessel eingenickt war. Und ja, das ist möglich. Damals waren Handwerker noch effektiv und die Bauvorschriften waren schwammig, da war all das noch möglich.

Und eines schönen sonnigen Nachmittags wachte Willi dann auf, sah sich um, erbrach eine Fußmatte, kleidete alle Räume mit Eiche Rustikal aus und sah, dass es gut war. Seitdem wohnt Willi hier. Glücklich und selbstzufrieden in seiner eigenen kleinen Welt. Aber Willi ist ein moderner Mann. Er nutzt sogar ein soziales Netzwerk. Aber nicht Facebook oder Instagram, nein, Willi nutzt sein eigenes Netzwerk. Eine kleine schwarze Pinnwand gleich neben der Kellertreppe.

Willi nutzt Treppenhaustwitter.

Es ist ein Sonntag, als ich eines trüben Vormittags das Treppenhaus hinabsteige und beim Griff zur Haustür mein Blick auf einen kleinen Zettel an der Pinnwand fällt. „Welcher Narr", steht dort geschrieben. Das erhascht dann doch meine Aufmerksamkeit. Ich lese weiter: „Welcher Narr hat gestern die heilige Nachtruhe mit entarteter N*****musik von infernaler Lautstärke entweiht? Der Schuldige möge dies in Zukunft unterlassen, ansonsten muss ich mich gezwungen sehen, den Hauswart zu verständigen. Mit freundlichen Grüßen, ein anonymer, aufmerksamer Hausbewohner."

Ahja „Anonym ist relativ", denke ich mir. Groß ist die Auswahl nicht, vor allem weil die Notiz in Sütterlin geschrieben ist.
Und überhaupt – entartete WAS?

Ich rekapituliere kurz den Vorabend, um herauszufinden, was denn da gemeint sein könnte... Ach ja, ich habe tatsächlich ab 19:00 Uhr eine halbe Stunde AC/DC gehört. Ja was kann ich denn dafür, dass ich mich nicht unbedingt für Marschmusik, Wagner-Opern oder andere musikalische Erzeugnisse begeistern kann, die nach zwei Takten diesen unwiderstehlichen Drang auslösen gen Warschau zu marschieren? Und zwar auf Socken! Man muss ja an die Nachtruhe denken!

Ich reagiere prompt, ziehe Stift und Notizzettel aus der Tasche und setze meinen Retweet: „Vielen Dank für den Hinweis. Damit solche Zustände in Zukunft nicht mehr vorkommen, ist anbei ein Gutschein für eine Tüte Oropax." Anschließend ziehe ich eine Rolle Bindfaden aus der Tasche, klebe ein Ende an meine Notiz und verbinde das andere Ende mit Willis Wohnungstür. Das ist nur logisch, wenn er ordnungsgemäß angepinnt ist, sieht er den Kommentar nämlich viel schneller.

Ein paar Stunden später kehre ich zurück und bemerke direkt den dritten Zettel an der Pinnwand: „Welcher Narr hat einen Faden an meine Tür geknotet? Ich bin nicht der Urheber dieser zugegeben sehr zutreffenden Nachricht, es gibt sicherlich noch andere aufmerksame Nachbarn in unserem ehrenwerten Hause."

Ja sicher. Vor allem benutzen die alle in derselben Handschrift die gleichen vergilbten Zettel mit dem Wasserzeichen der kaiserlich-preußischen Zeppelingesellschaft. Netter Versuch Willi. Aber gut, vielleicht hat er ja inhaltlich einen Punkt getroffen. Ich denke einen Moment nach und gönne mir auch einen zweiten und dritten Moment, um letztendlich zur Erkenntnis zu gelangen… nee… hat er nicht. Die anderen Hausbewohner*innen sind meiner Meinung nach mindestens genauso verballert wie ich. Okay, ich möchte fair sein, beim Szymaniak von ganz oben kann ich es nicht beurteilen. Der wohnt zwar seit zwei Jahren hier, aber er ist DHL-Bote. Den Mann hat noch nie jemand hier im Haus gesehen.

Soziale Konversation muss konstruktiv sein. Das habe ich aus 15 Jahren Facebook gelernt. Ich kritzle „Deine Mutter" unter Willis Notiz und gehe in meine Wohnung. Als ich eine Stunde später den Müll rausbringen will, ist eine weitere Notiz angehängt: „Meine Mutter ist beim Pyramidenbau verunglückt und SIE lenken ab!"

Hut ab. Der Mann hat offenbar doch nicht seinen Humor in Waterloo gelassen. Oder er ist völlig senil. Oder es stimmt tatsächlich.

Aber was antwortet man da?

Was würde ein Influencer tun? Ach ja, richtig! Ich male ein Herz um Willis Notiz und pappe ein wahllos aus dem Netz geklautes Bild eines x-beliebigen Hundewelpen darunter. Hat zwar keinen Kontext, aber scheiß die Wand an, ist der süß. Soziale Netzwerke funktionieren doch alle gleich.

Zwei Stunden später haben irgendwelche Leute den Welpen per Glitzersticker geliked, irgendwer hat ein Bild eines treudoof unter einem Sofa hervorguckenden Cocker-Spaniels dazu geklebt. Weiter unten hängt die Frage „Was letzte Preis?" und ganz am Rande möchte jemand Potenzmittel verkaufen. Klar, Werbung und Spam gehen immer Hand und Hand. Well, that escalated quickly.

Der Einzige, der sich nicht irritieren lässt, ist offensichtlich Willi. Auf der so ziemlich letzten freien Fläche der Pinnwand hängt nun folgende Mitteilung: „Werter Schmutzfink. Ich habe soeben den Müll kontrolliert und festgestellt, dass nicht alle der kürzlich eingeworfenen Säcke korrekt getrennt sind. Ich bitte dies binnen zwei Stunden zu korrigieren. Mit freundlichen Grüßen, ein anonymer, aufmerksamer Hausbewohner."

Es wird Zeit für eine Direktmitteilung, um die Sache so langsam mal zu deeskalieren. Ich gehe in den Hof, schnappe mir die Mülltonne, wuchte sie in den Hausflur, leere sie auf Willis Fußmatte aus und klebe einen Zettel an die Haustür. „Mach vor. Du hast noch eine Stunde und 56 Minuten. Topp, die Wette gilt." Ich gehe ins Bett.

Um drei Uhr nachts klopft es an meiner Haustür. Als ich öffne, steht ein Mann mit gelber Jacke schwer atmend vor mir. „Szymaniak", keucht der Mann. „Ich wohne ganz oben. Ich soll eine Nachricht weiterleiten." Anschließend kippt er mir die Tonne ins Wohnzimmer und geht wieder.

Okay Willi, jetzt hast du eine der heiligsten Regeln der sozialen Netzwerke gebrochen. Jetzt hast du dafür gesorgt, dass ich alle Personen in meiner Liste tatsächlich persönlich getroffen habe.

Das geht ja mal gar nicht.

Ich greife zum letzten Mittel und tue, was niemand, der intensiv soziale Netzwerke betreibt, jemals tun würde. Ich verzichte auf eine schriftliche Antwort. Stattdessen laufe ich die zwei Stockwerke hinunter und klingle an Willis Tür. Ein alter Mann mit grauer Jogginghose und hellem Unterhemd öffnet, dessen Haare auf der Glatze einzeln abzählbar sind. Eine Hand ruht auf einem grün abgesetzten, mitgenommen wirkenden Rollator, die andere umklammert eine Ausgabe des Cicero-Magazins.

„Schund ist das. Schund!", sagt Willi und deutet auf das Cicero-Magazin in seiner Hand. „Ich habe den Mann persönlich gekannt. Das spiegelt gar nicht seine Meinung wider." Dann bittet er mich hinein. Wir setzen uns auf eine staubige Nachbildung eines Sofas aus der Barock-Zeit – okay, vermutlich ist es keine Nachbildung – und reden. Wir reden über die Mülltrennung in unserer Hausgemeinschaft, die Kellertreppe, die seit 15 Jahren gestrichen werden sollte. Wir reden über den Bergmann, der in den 60ern in meiner Wohnung gelebt hat, den Niedergang der Bergbauindustrie überhaupt. Wir reden über den Generationenkonflikt, die zu niedrigen Fleischpreise und darüber, dass Schalke seit Hannes Bongartz keinen vernünftigen Spielmacher mehr hatte. Gegen 6:30 Uhr verlasse ich Willis Wohnung mit der befriedenden Erkenntnis, dass persönliche Gespräche einfach viel mehr wert sind als ewige Schriftkriege, und im Wissen, etwas Gutes zum Hausfrieden beigetragen zu haben.

Am Nachmittag entdecke ich den Zettel auf der Pinnwand. In Sütterlin steht geschrieben:

„Diese Pinnwand ist vollkommen überfüllt. Das ist kein Zustand. Wir sind nicht bei den Umpalumpas oder wie die da unten heißen. Der Hauswart ist verständigt!"

Okay… es hätte klappen können.
Auf ein Neues!

Emily Schilz

Die gebürtige Triererin Emily Schilz fand im Sommer 2021 kurzerhand ihren Weg zum Poetry Slam, um nach den langen Corona-Lockdowns endlich wieder etwas zu erleben. Gleich während ihres ersten Auftritts verliebte sie sich in das Gefühl, ihre Texte mit dem Publikum zu teilen. 2023 zog Emily Schilz ins Finale der deutschsprachigen u20-Meisterschaften im Poetry Slam ein und gilt als Senkrechtstarterin in der Spoken Word-Szene. Mit ihrem hier abgedruckten Text gewann sie einst den Förderpreis für Literatur der Stadt Trier. Mittlerweile lebt sie in Bremen und studiert dort Angewandte Freizeitwissenschaft.

Mehr unter: @emily.schilz auf Instagram

Einmal „Zuhause" zum Mitnehmen, bitte!
Von Emily Schilz

Der Erdbeer-Milchshake von McDonald`s schmeckt nach Opa. Meinem Opa. Oder, um genau zu sein, nach: Heute ist ein ganz besonderer Tag.

Ich sehe ihn schon aus der Ferne, wie er den Schulhof mit einem angespannten Blick und runzeliger Stirn nach mir absucht. Wild winkend renne ich also auf ihn zu, bahne mir meinen Weg durch das Gewusel kreischender Grundschulkinder und als er mich dann endlich auch entdeckt, beginnt er, zu lächeln. Er nimmt meine kleine Hand, umschließt sie mit seiner großen Hand und wir gehen gemeinsam los. Wohin? Das weiß ich genau.

Ich bin glücklicher als das Happy Meal, welches nun vor meiner Nase steht und dessen Inhalt ich beinahe zelebrierend vor mir ausbreite. Stolz erfüllt mich und ich möchte am liebsten allen um uns herum erklären: „Das hier ist mein Opa, ich bin seine Enkelin und er hat mich heute von der Schule abgeholt!"

In diesem Moment haben wir nur uns beide. Zumindest fast: Er hat mich und ich habe ihn – und mein geliebter, cremig-klebriger Erdbeer-Milchshake darf natürlich auch nicht fehlen. Wir drei, wir sind ein gutes Team: Nicht sonderlich gesprächig, vielmehr in unsere ganz eigenen Gedanken vertieft, aber rundum zufrieden. Wir verstehen uns, auch ohne viele Worte zu verlieren. Und während wir so dasitzen und ich durch meinen Strohhalm schlürfe, schaue ich mir meinen Opa ganz genau an…

Für mich war er damals der wohl weiseste Mensch auf der ganzen weiten Welt. Und so mutig und furchtlos, wie er mir mein Essen bestellt.

Die Opa-Enkelin-Erdbeer-Milchshake-Erinnerung ist nur eine von vielen Geschichten, die sich in den Ecken meiner Stadt verstecken und meine Heimat zu meinem Zuhause machen.

In jedem Stein, der die Straßen pflastert, stecken Andenken und jeder Pflasterstein scheint mir heimisch, da sicher über jeden schon mein Kinderwagen rollte und ich meine ersten Schritte dort später auch üben sollte.

Stein um Stein,
in meiner Heimat kann ich ich sein,
weil ich noch nie woanders zuhause war.
Ich kenne mich nur hier,
alles ist so sicher und vertraut
und wenn ich heute durch die Straßen laufe,
werden die alten Geschichten
mit jedem neuen Schritt wach.

Denn dann sehe ich mich, mein kleines Ich
fröhlich durch die Gegend laufen,
betteln, bis meine Eltern mir ein Eis kaufen,
mal lachend, mal schreiend, mal weinend
und oftmals voller Übermut.

In jedem kleinen Pflasterstein
steckt ein Teil von mir.
Sie weisen mir den Weg,
während neben mir
die Hausfassaden in die Höhe ragen
als wollten sie mich schützend umarmen.

Und dabei ist es egal, wie ich mich fühle
und wie es mir gerade geht.
Weil mich meine Heimat versteht –
auch ohne viele Worte zu verlieren.

Denn wenn das Glockenspiel erklingt
und von Erinnerungen singt,
schlägt mein Herz mit ihm im Einklang.

Als würden meine Heimat
und ich eine Sprache sprechen,
die außer uns sonst niemand kennt.

Eine Sprache voller kleiner Geheimnisse,
die in Pflastersteinen, Glockenläuten
und warmen Brezelbrisen ruhen.

Geheimnisse, die wir uns erzählen,
in endlosen Gesprächen,
und mir für einen kurzen Moment
wieder die kindliche Leichtigkeit verleihen.

Meine Heimat ist mein Zuhause,
und ich will nicht mehr ohne sie sein.

Oder will ich doch fort von hier sein?
Meine Taschen packen?
Das nächste Kapitel aufschlagen?
Ist es vielleicht Zeit für mich?
Zeit, erwachsen zu werden?
Das Vertraute hinter mir lassen und mich ins Unbekannte stürzen, nicht mehr zurücksehen und einen neuen Weg gehen, neue Menschen, neue Straßen, neue Klänge, neue Düfte – neues Leben.

Schon immer lebe ich in Trier, meiner Stadt, meiner Heimat, meinem Zuhause. Und darum kenne ich mich nur hier: Getragen von jedem Pflasterstein der Steinpflasterstraßen, den Rücken gestärkt von den hohen Hausfassaden. Wer bin ich, wenn ich nicht hier bin?

Es fällt mir unglaublich schwer, doch es ist Zeit, zu gehen. Mit dem Abi in der Tasche, Effi Briest und Werther an meiner Seite aber viel zu wenig Ahnung von dem, was mich hinter dem Stadttor erwartet. Dort, wo sich keine Erinnerungen mehr in jeder Ecke verstecken, die mir zeigen, wer ich bin und wer ich einst vor Jahren mal war. Dort, wo keine Brezelbrise weht, mein Herz nicht mit dem Glockenspiel klingt und die hohen Mauern an meiner Seite mich erdrücken. Ich gehe dorthin, wo ich nicht weiß, über welche Pflastersteine ich gerade stolpere und wo es keine Geheimnisse zum Schwelgen gibt, weil ich nicht einmal die Sprache verstehe, in der die neue Stadt zu mir sprechen wird.

Doch es ist richtig.

Und es ist ja kein Abschied für immer, denn irgendwann komme ich ganz sicher zurück und dann wird es schöner sein als jemals zuvor.

Doch bis dahin bleibt mir schon bald in der fremden Stadt nur: „Ein Erdbeer-Milchshake zum Erinnern, einmal zuhause zum Mitnehmen, bitte!"

Und wenn ich dann durch meinen Strohhalm schlürfe und meine Augen ganz fest schließe...

Bin ich glücklicher als das Happy Meal, welches nun vor meiner Nase steht und dessen Inhalt ich beinahe zelebrierend vor mir ausbreite. Stolz erfüllt mich und ich möchte am liebsten allen erklären: „Das hier ist mein Opa, ich bin seine Enkelin und er hat mich heute von der Schule abgeholt!"

Ja, wenn ich dann durch meinen Strohhalm schlürfe, fühlt sich zuhause vielleicht einen Schluck näher an.

Sven Hensel

Sven Hensel ist Homolobbypropagandagendergagaist aus dem Ruhrgebiet und steht seit 2014 europaweit auf Bühnen. Mittlerweile hat er über 1000 Auftritte absolviert, Bücher veröffentlicht, Regie geführt, Queer-Slams veranstaltet und wurde 2034 Vize-Erotik-Meister im Poetry Slam. In seinen Texten ist er explizit, experimentell und bestimmt irgendein drittes Wort mit „e". Thematisch beschäftigt er sich gerne mit gesellschaftlichen Problemen oder auch einfach seinem Alltag. Will man wissen, ob er eher ernst oder lustig schreibt, sagt er „ja", aber ist genervt von der Binarität dieser Frage. Sven ist laut, queer und ein eigenes Genre!

Mehr unter: @poetrysven auf Instagram

Komma inne Pötte
Von Sven Hensel

„Blubb", sagt mein Chili.

Ich stehe barfuß auf ungewischtem Küchenflie-senboden, ein Topf und ganz viel Chaos um mich herum. Da stehen Dosen mit Inhalten auf nicht gerade dreckigen, aber auch eben nicht sauberen Ablageflächen. Wenn hier in dieser Wohnung etwas steht, dann meist aus dreckigem Grund empor.

Vor mir rülpst der Topf blubbernde Schlacke. Ich kann allen nur empfehlen, einzig und nur noch Chili sin oder con Carne zu kochen, wenn man alleine wohnt. Man braucht nur einen Topf und einen Löffel, und man braucht de facto auch nicht mehr abspülen als das. Alles, was meine Abspültätigkeit minimiert und mich satt macht, macht mich mindestens auch glücklich. Praktisch muss es sein. Genau wie diese Küche, man kann alles greifen, denn sie ist nur einen halben Quadratmeter groß.

Ruhrpottästhetik definierte sich für mich schon immer durch Pragmatismus, so auch innerhalb der hier zu mietenden Wohnungen. Nicht zu groß, nicht pompös, nicht schnörkelig, nein, kein Schnick-schnack, Killefit, oder Tinnef – praktisch muss es sein.

Allein, dass wir unsere Wohnungen mieten, die Parteieneinzelzimmer in Wohnhäusern, und keine

Eigentumswohnungen besitzen, keine Schrebergärten und auch keine Wochenendfinca im Wald von Bottrop-Kirchhellen, ist eine Aussage für Genügsamkeit. Wer braucht denn schon Stuck an den Wänden, wer braucht Holzkachelöfen zum Heizen, wer braucht oxidierte Kupferdächer? Wir haben Gelsenkirchener Barock, sonst ist alles Rock'n'Roll!

Das klassische „Wir ham ja nüscht" ist kein Bedauern, es ist eine ruhrpott'sche Tugend. Und hier, in dieser tugendhaften Küche, spiegelt sich zwar nichts auf den Oberflächen wider, aber der Grundgedanke dieser Region:
Es ist 'n bisschen dreckig und 'n bisschen eng, aber mehr braucht man doch nicht.

Ich brauche Paprika in meinem Chili. Da ich nur sehr stumpfe Messer besitze, ist es eigentlich egal, ob ich diese Paprika nun mit einem Messer oder mit dem Löffel schneide, deshalb entscheide ich mich einfach für den Kochlöffel und minimiere weiterhin mein Abspülpensum. Tschakka.

Beim Schnibbeln kann ich immer ein bisschen meditativ nachsinnieren, reflektieren, in dieser unreflektiven, aber nicht uneffektiven Küche, die dieses Diminutiv, diese Verniedlichungsform eindeutig verdient, weil wenn sie größer wäre, wäre diese Küche keine Küche, sie wäre ein Kuch. Das war übrigens ein Witz für alle Germanist*innen.

Heimat ist so eine undefinierte Sache. Das hier, das jetzt gerade, ist für mich die Quintessenz aus sich-daheim-befinden. Ich stehe ohne Socken auf schmandigem Boden, koche mir mein texanisches Süppchen und habe das Fenster auf Kipp, draußen die Ampelschaltung der Kreuzung klickend hörbar.

Ich will es nicht den Puls der Großstadt nennen, weil das voll pathetisch und scheiße ist, aber dieser Ort besitzt einen eigenen Rhythmus, seine eigene Melodie …

Bochum ist ein EDM-Track
und Essen atmet Rave.
Dortmund ballert über große Boxen
ganze Medleys aus Takten.
Herne ist Deephouse.FM, untz untz untz, ahh.
Witten singt harmonischen Remix
und in Duisburg platzt der Synthi.

Bottrop propft,
Gladbeck strunzt,
Dorsten macht Küsselköpper über die Tanzfläche
und Oberhausen wummert
und Mülheim strömpelt
und Hagen klumpatscht
und Castrop flumpt
und Erkenschwick erkenschwickt!

Das Ruhrgebiet lodert
und seine Leute wippen mit,

wie ein Metronom,
stets ein Fest des Understatements.

Als ich das erste Mal
mit einer Raucherin rumgemacht hatte,
hier,
im Schwung des Metronoms,
sie schmeckte nach Teer,
nach Asphalt, nach Ruß,
nach Club-Mate,
wie ein Aschenbecher mit Honig,
ihr Mund war ein Aschenbecher mit Honig,
ich leckte einen Aschenbecher mit Honig aus,
schütt' einfach Hansa hinterher fürren Geschmack.

Ihre Zunge war Straßenbelag,
jede ihrer Geschmacksknospen
blühte im brennenden Beton,
ich hatte ein kleines Nikotin-High,
sie roch nach Sommerregen
auf den Autobahnbaustellen der A40.

Ihre Hände waren raues Sandpapier,
scherbelten über meine Haut,
durch kohlgebräuntes Haar,
Spitzhacken und Hammer unter Tage,
unser Schmatzen baute Kohle ab,
die Lippen aufeinander gepresst in Vertrautheit
und der Klang des Taktes im Hintergrund.

Als ich das erste Mal
mit einer Raucherin rumgemacht hatte,
wollte ich nicht aufhören,
weil sie so sehr nach Heimat geschmeckt hat.

Viele Menschen sagen, der Ruhrpott sähe nicht
schön aus. Aber viele Menschen *sehen* auch nur. Der
Ruhrpott *schmeckt*, er *riecht*, er *hört* und *fühlt*. Das mit
dem Sehen haben wir uns evolutionär abtrainiert,
die Rauchschwaden und das Untertagesein hat uns
zu Maulwürfen gemacht. Wir sind Anti-Möwen, die
die anderen Sinne einfach mehr brauchen!

Das ist auch der Grund, warum mir erst spät
auffällt, dass alles um mich herum in eine dicke
Wolke Rauch eingehüllt ist. Wasserdampf. Das
Essen schwitzt und ich brauche mittlerweile nicht
mal mehr nur einen minimalen Teil nach dem
Mampfen abzuwaschen, weil ich direkt aus dem
Topf mit meinem Kochlöffel esse und der Dampf
den Rest einfach sauberwischt.

„Blubb", sage ich.
Alles hier ist 'n bisschen dreckig,
und alles hier ist 'n bisschen eng,
aber mehr brauch' ich doch nicht.

Theresa Sperling

Theresa Sperling (*1971 in Berlin) war früher Tänzerin, heute lebt sie in der Grafschaft Bentheim, wo sie an einem Dorfgymnasium die Fächer Deutsch, Englisch und Darstellendes Spiel unterrichtet. Nebenberuflich schreibt sie Theaterstücke und ist seit 2015 jedes Jahr Finalistin der niedersächsisch-bremischen Meisterschaften im Poetry Slam, die sie 2023 im Einzel- und Teamwettbewerb gewann. 2020 siegte sie bei den deutschsprachigen Meisterschaften im Teamwettbewerb, 2023 wurde sie Solomeisterin. 2024 erschien ihre Textsammlung „SEZIERUNG" mit 33 Texten aus 2014-2024 beim Dichterwettstreit deluxe Verlag.

Mehr unter: www.theresa-sperling.de

Fatma Fee Fingernagelgross
Von Theresa Sperling

Vorwort:

Ich bin Lehrerin. In der Schule sind wir immer wieder mit Einzelschicksalen konfrontiert, die sich als repräsentativ für viele Kinder mit einer ähnlichen Leidensgeschichte entpuppen.

Ab 2015 unterrichtete ich einen zusammengewürfelten Kurs aus Kindern und Jugendlichen in Deutsch als Zweitsprache. Dieser Text ist in einer Stunde entstanden, in der es um Zahlen und Längenmaße ging. Die Kinder sollten mit möglichst großen Schritten den Klassenraum ausmessen. Während die meisten sofort losrannten, blieben drei Mädchen wie angewurzelt stehen. Schließlich fasste eines der Mädchen Mut und flüsterte mir ins Ohr: „We cannot do big steps, Ms Sperling. We have a big problem here." Mit einer schüchternen Geste zeigte das Mädchen auf ihren Genitalbereich.

Die drei Schicksale der Mädchen habe ich zusammengeschmolzen und in einen Text gegossen, weil ich glaube, dass die gravierenden körperlichen und psychischen Folgen, mit denen diese Mädchen und jungen Frauen leben müssen, benannt werden sollten. Und weil sie eine Stimme verdient haben und Mut brauchen für die weitreichende Entscheidung, die sie in unserem Land treffen können.

Ihr Dorf lag am Rande der Wüste.
Sie fühlt noch im Sand ihre Füße,
sieht noch den Horizont,
der in der Hitze vibriert,
spürt noch den Wasserkanister
auf dem Kopf balanciert,
schmeckt noch das Zuckerrohr
süß zwischen Zähnen,
hört des Nachts noch die Wüstenhyänen.

Das vergisst man doch nicht,
davon träumt man noch nachts,
von der Kindheit, der Heimat, der Hochzeitsnacht,
die sie niemals vollziehen wollte,
mit einem Mann, den sie lieben sollte,
so viel älter, so fremd und so grob.

Und ihre Öffnung zu lieben
ist nur fingernagelgroß
und ihre Hoffnung zu fliehen
ist nur fingernagelgroß
und ihre Chance zu überleben
ist nur fingernagelgroß.

Aber ihr Name ist Fatma
und ihr Wille ist noch nicht gebrochen,
also verlässt sie ihre Familie
und den Mann, dem sie versprochen
ist, durchquert die Wüste,
überquert das Meer,

überlebt das Boot
und lässt die Finsternis hinter sich,
denkt sie,
denn jetzt kommt ihre Zeit,
denkt sie:

Schule, Ausbildung, Studium,
Ärztin, Unabhängigkeit.
Sie kann ja rechnen,
und zählen und Zahlen aufschreiben,
nur das Ziffernblatt der Uhr nicht verstehen.
Sie kann Somali und Englisch
und Buchstaben schreiben,
nur leider noch nicht so gut lesen.
Sie wollte ja länger in der Schule bleiben,
doch es sind nur zwei Jahre gewesen,
denn dann kam das Leben dazwischen,
man hat überleben müssen.

Jetzt sehnt sie sich nach Unterricht
wie nach dem ersten Weiß von Schnee:
Sie sitzt in der Bank und lauscht ganz gebannt,
was die Lehrerin weiß und spricht,
den Bleistift gespitzt, mit aufrechtem Sitz,
doch es tut ganz fürchterlich weh,
beim Sitzen, beim Bluten, beim Dinge-Verstehen,
beim Denken, beim Beten, beim Pinkeln, beim
Gehen,
und sie geht und lernt nur in kleinsten Schritten,
denn die Naht schmerzt in einstigen Schnitten.

Also bleibt das Blatt vor ihr weiß und leer,
aber sie weiß jetzt mehr:
Die weißen Mädchen um sie rum
sind keine Jungfrauen mehr.
Deren Gott scheint das alles nicht so eng zu sehen,
aber Allah – Allah würde ihr das niemals vergeben
und sie müsste jetzt wirklich nach Mekka beten,
aber das geht jetzt nicht
und ihr Gebetsteppich ist nicht hier
und ihre Familie ist nicht hier
und kann ihr nicht mehr helfen
und ihre Heimat ist jetzt hier,
sagt man ihr,
und die Bilder beginn'n zu verschmelzen:

Ihr Dorf lag am Rande der Wüste.
Sie spürt noch im Sand ihre Füße
und im Frühling den kalten Asphalt,
riecht die Sommererde im Wald,
sieht noch den Horizont, der in der Hitze vibriert,
spürt noch den Wasserkanister auf dem Kopf balanciert,
berührt das Heißwasserhahnwunder,
das jetzt jeden Morgen passiert,
sehnt sich nach Zuckerrohr süß zwischen Zähnen,
liebt das Hochhäuserlichtermeer, das des Nachts
fluoresziert,
hört des Nachts noch die Wüstenhyänen.
Das vergisst man doch nicht,
davon träumt man noch nachts,

von der Kindheit, der Heimat, der Hochzeitsnacht,
die sie niemals vollziehen will,
mit einem Mann, den sie lieben will.

Und ihre Öffnung zu lieben
ist nur fingernagelgroß,
und ihre Chance hier zu lernen
ist nur fingernagelgroß
und ihre Hoffnung hier wirklich zu leben
ist nur fingernagelgroß.
Aber ihr Name ist Fatma,
sie überlebte die Wüste, das Boot und die Finsternis
und in ihr wächst ein Gedanke
und es ist etwas ganz Verbotenes:

Eines Tages wird sie nach Mekka beten
und die Frau vom Amt um Rettung bitten,
denn sie kann nicht verdauen,
nicht sitzen, nicht schreiten,
nicht bluten, sich nicht mal den Spiegel vorhalten.
Eines Tages wird sie eine Praxis betreten
und die Naht, die sie zuschnürt, wird aufgeschnitten.
Dann wird sie zwar keine Jungfrau mehr sein
und Allah wird ihr das vielleicht niemals verzeihen,
aber sie wird Allah um Vergebung bitten
für sich selbst und für die,
die sie damals beschnitten.

Und dann schlägt sie ihren Lebensweg ein
und zwar in ganz großen Schritten.

Anmerkung der Autorin:

Eine der drei Frauen hat sich inzwischen in Berlin operieren lassen und ist Mutter zweier Töchter geworden. Sie möchte nicht nach Afrika zurückkehren, weil sie Angst hat, dass ihre Töchter dort das gleiche Schicksal ereilt wie sie. Hier in Deutschland lässt sie sich zur Altenpflegerin ausbilden.

Inhaltliche Anmerkung:

Genitale Verstümmelungen resultieren nicht nur aus einer pervertierten Auslegung des muslimischen Glaubens, sondern auch Familien anderer Religionszugehörigkeit führen grausame Beschneidungsrituale durch. Ich wollte jedoch nicht aus einer gesellschaftspolitischen Sorge heraus die Biografie der Mädchen, bzw. meine Erfahrungen und Gespräche mit den Mädchen verändern. Diese drei Mädchen waren Musliminnen. Menschen mit einem gesunden Menschenverstand wissen hoffentlich, dass ein Großteil der muslimischen Gemeinden derartige Rituale aufs Schärfste verurteilt.

Dieser Text erschien erstmals in:
SEZIERUNG. Aus gegebenem Anlass.
33 Texte aus 2014-2024.
Von Theresa Sperling
ISBN: 978-3-98809-015-7
www.dichterwettstreit-deluxe.de

Gespräch mit einem Barista
Von Elias Raatz

Im Café ein kleines Schild
rechts neben der Kasse steht.
Als ich dort einst schlürfend chillt',
mein Blick sich auf das Schildchen legt.
In großen Lettern steht geschrieben,
man würde gerne Feedback kriegen,
an meiner Meinung allerlei man hier interessiert sehr sei.
Ich hole Luft und räusp're mich,
aus mir's dann zum Barista spricht:
„Meine Meinung willst du haben?
Da lass' ich dich nicht verzagen!
Nur schwarz-weiß sind alle Farben
und dazu gibt's viele Narben,
die uns einmal bleiben werden,
wenn's so weitergeht auf Erden.
Schau dich hier doch nur mal um,
im Reichstag steh'n schon Nazis rum,
sinnier'n von Macht, Zähne gewetzt,
erfolgreich man gegen ,Fremde' hetzt.
Fürs ,Volk' man spricht und Menschenrechte bricht,
und ,Heimat' so scheint, ist nur für ,Deutsche' gemeint:
Dort Faschisten ich nur seh'
und nenn' sie ,NSAfD'.
Drum sag' ich allen, die dagegen,
lasst uns die Stimmen jetzt erheben!"
Soweit mein Statement zum Barista,
er antwortet nur: „Alerta, alerta, antifascista!"

Felicitas Friedrich

Felicitas Friedrich wohnt aktuell in Bielefeld, sitzt aber meistens im Zug. Seit 2013 ist sie mit Lyrik und poetischer Prosa im deutschsprachigen Raum auf Poetry Slam- und Spoken Word-Bühnen unterwegs. Ihre Texte behandeln vorwiegend Themen wie Feminismus, Mental Health, Körpergefühl und Sex Positivity. Dabei beweist sie ein Auge für die Details des alltäglichen Lebens und des (Zwischen-) Menschlichen. Privat studiert die Theater- und Literaturwissenschaftlerin Gender Studies an der Ruhr-Universität Bochum und der Karl-Franzens-Universität Graz und arbeitet als Webredakteurin in einem Bielefelder Independent-Verlag.

Mehr unter: @felilly.s.pacifica auf Instagram

Heimat ist ein Spektrum
Von Felicitas Friedrich

Wenn du Nachrichten hörst
und die Stimme nennt
den Namen eines Ortes,
welcher Name muss fallen,
damit du zusammenzuckst und denkst:
„Huch! Das ist ja bei mir!"?

Heimat, Zuhause und Wahlstandort,
da, wo das Herz hinstrebt,
und da, wo Kinderfotos entstanden,
sind verschiedene Schauplätze,
koexistent nebeneinander,
sich nicht verschränkend
und doch mischbar,
ergeben sie zwar kein Gemälde,
doch ein Netz, löchrig, aber sicher,
Fluchtpunkt zwischen fremden Welten.

Und aus dem Windelpopo
wurde ein Arsch in der Hose,
man sagt, den hast du
und das merkt man.
Aus dem Urvertrauen
wurde ein Leben unter Hypnose,
du bewegst dich geschickt
unter Vordächern und Erkern.

Und auf den täglichen Wegen,
die von A nach B führen,
vergisst du beinahe
den Rest des Alphabets,
dabei lauschtest du so gern
an angelehnten Türen,
doch die Ungewissheit dahinter
hat dich zum Zögern bewegt.

Mit Reisen fliehst du aus dem Trott,
im Aufenthalt in fremden Städten
suchst du Abstand von dem Spott,
der dich als unschlüssig verrät, denn
alles zurücklassen macht Angst,
doch was wär' die Alternative,
wenn du nichts ehrlich
als „Daheim" benennen kannst,
egal aus welcher Perspektive?

Die Willkür sagt,
du kommst von hier,
ein Zertifikat bestätigt es,
doch von anderen Zielen
bist du fast mehr fasziniert,
selbst wenn du nur
kurz dort gewesen bist,
nur auf der Durchfahrt reingelinst
oder verträumt hindurchspaziert –
eine temporäre Vertrautheit,
die vom Leben spricht.

Du suchst besessen
nach einem Heimatgefühl,
und niemand, der dich kennt,
kann es dir verübeln,
aber nicht deine Sturheit,
keine Sucht, kein Kalkül,
kann ein neues Habitat
luftdicht in dir versiegeln.

Wem Heimat nicht
von Natur aus eingepflanzt,
findet vor sich oft ein Puzzle,
Zubehör aus der Pappe ausgestanzt,
und die Unterlage ruckelt.
Und kein Teil
sieht wie's andere aus,
oder aber alle gleich,
und die Motivabbildung,
die fehlt auch,
drum drehst und drehst
du dich im Kreis.
Du findest sie halt nicht in dir.
Noch nicht.
Hast nicht die besten Bedingungen.
Wo nie ein Nest war,
wächst nicht plötzlich eins,
das ist zu akzeptieren.
Wurzeln schlägst du nicht mehr.
Doch deine Äste
überstehen jede Schwingung.

Lass den Blick nun schweifen.
Warst du schonmal hier?
Streng' deine grauen Zellen an,
dort am Müllkorb liegt ein Stück Papier,
das sich bei Regen wellen kann,
das fiel dir gestern schonmal auf.
Weißt du noch, wie du bei dir dachtest,
dass zur Gedächtnisstütze taugt,
wenn du auf solch Segmente achtest?

Was Heimat ist – wer weiß das schon?
Aber ein Gefühl ist geiler als guter Sex,
warst den Griff zum Handy bisher gewohnt,
jetzt sagst du erstmals:
„Den Weg lauf' ich ohne Google Maps!"
Und jene Abschnitte sind vielleicht
Meilen voneinander entfernt,
doch die Schnipsel zusammen
ergeben eine Collage…

Neben dem Schulhofspielplatz
hast du Fahrradfahren gelernt,
in der Aula erlebtest du
deine erste Blamage,
deinen Lehrer verflucht
und für Boybands geschwärmt,
letztendlich hält sich da die Waage.

Und deinen Stammsupermarkt
kannst du richtig romantisieren,

weil sein Teeregal dir Zuflucht schenkt,
mit epischen Powerballaden im Ohr
kannst du dich in der Auswahl verlieren,
den Einkaufswagen sicher lenkend,
während du an die Zukunft denkst

Dir zeigten viele Kompasse
verwirrende Routen,
wurdest in zwielichtige
Peripherien navigiert,
dass dich das weiterbringt,
konntest du nur vermuten,
hast jeden Distrikt
als Etappenankunft interpretiert.

Ob eine Woche oder acht Jahre,
wie lang du dich auch niederlässt,
diskreditier' es nicht als Phase,
mogelt sich in dein Hirn ein Rest
von Duft, von Ton,
manchmal kommt's wellenartig,
leise, wie gestaffelt,
blitzen Erinnerungen
kurios kuratiert
wie Playlists auf Shuffle.

So viele Punkte
besichtigt, bewohnt,
bereist, neu erschlossen,
umgeschrieben, vertont,

und jedes Schüppchen Haut
von dir, das hier liegt,
verändert des Orts Beschaffenheit,
die Art, wie sich sein Antlitz biegt,
seinen Rhythmus und Geschwindigkeit.
Wo deine Fußsohle den Boden streift,
bleibt die Ahnung nur einer Nuancierung,
doch diese ist Teil des Lehrstücks,
durch das der Nächste begreift:

Du warst eilig, konfus vielleicht,
doch du warst hier und
jede Abkürzung, die du hier nahmst,
trägt jetzt noch deine Handschrift,
die Statuen, die du ansahst,
sind unterschiedlicher Ansicht
darüber, wie bemerkenswert du warst,
tuscheln hinter ihren Händen,
doch ihre Skepsis verraucht
und begleitet dich nicht
bis an deiner Straße Ende.

In dem Käfig, der dein Herz beherbergt,
war von Grund auf kein Domizil,
das Fundament, auf das du
Behausungen bautest, gefährlich instabil,
du fühlst Risse an dir, in dir, auf dir.
Noch immer.
Das ist klar.

Doch dazwischen handtellergroße Flicken.
Die dort nicht von Beginn an war'n.
Sind bemalt, bepinselt, diashowartig,
und der Grund für sie ist triftig,
die Orte, die du dir zu eigen machst,
penibel zusammengeklebt mit Prittstift.

Und du fragst immer noch, was Heimat ist?
Das hier ist aus dem Nichts gewachsen.
Denn seit du weißt, dass du
nicht bloß an einen Ort gehörst,
bist du stets am Verteidigen,
bist du Dort, ergreifst du Partei für Da,
und Da springst du für Hier in die Bresche,
und Hier hat Dort 'nen schlechten Ruf,
den gilt es zu bereinigen.

Dass Liebe kein Wort ist
und Heimat kein Ort ist,
trägt der Erkenntnis Rechnung,
dass Bei-Sich-Sein manchmal Sport ist,
ein waschechter Spagat,
der bezweckt, dass Liebe wächst und
mehr wird als fade Blaupause.

Denn es gibt einen Plural von Zuhause
und Heimat ist ein Spektrum.

Dominik Heißler

Dominik Heißler wurde 1990 in der Nähe von Karlsruhe geboren und findet, dass man das viel zu oft vergisst. In Freiburg studierte er Latein, Spanisch sowie Philosophie und gibt seine Begeisterung für diese Themen nun weiter: als Lehrer in der Schule und auf anderen Bühnen vor interessiertem Publikum. Im Jahr 2024 durfte er die baden-württembergischen Landesmeisterschaften im Poetry Slam gewinnen. *Fortuna* sei Dank!

In seinen Texten bricht er ernsthaft augenzwinkernd mit mittelalten Tabus, zieht Linien zwischen der Antike und heute und nimmt die deutsche Sprache, am liebsten aber sich selbst aufs Korn.

Mehr unter: @dodocuriosus auf Instagram

Text über einen sehr deutschen Begriff
Von Dominik Heißler

Wir haben ein Heim für Alte und wir haben ein Heim für Asylsuchende, aber weil wir für beide kein Herz haben, ist es dort meist wenig heimelig. Zuhause heimelt es sehr wohl, darum freuen wir uns darauf, heimzugehen, und wenn uns dabei irgendwelche unheimlichen Typen im Weg stehen, dann zahlen wir es ihnen zeitnah heim.

Ihr ahnt schon, in diesem Text geht es um Heimat – auch wenn euch das in einem Buch zum selben Thema vielleicht nicht wirklich überrascht. Aber für die Heimat, für die haben wir nur im Deutschen einen Begriff, die ist eine sehr deutsche Sache.

Aber wo darf man denn heute noch wirklich Deutsch sein? Genau: zwischen Schrebergarten und Gesangsverein, bei Jägerschnitzel und Bierdurst, Brezeln und Bratwurst.

Einsame Weltspitze
sind auch unsere Mettwitze.

Womit putzt sich ein echter Deutscher seine Zähne? Odol-Mett-3. Danach schaut er „How I Mett Your Mother" und isst eine Yogumette. Sein Lieblingstier ist Kermett, der Frosch. An besonders metten Tagen verteilt er Mettigkeiten, schmiert sich

Mettella aufs Brot und konsumiert Crystal Mett. Das ist echt ein Alleinstellungsmerkmal: Versuch diesen Humor mal einem Franzosen oder 'nem Ami zu erklären. „Ah, oui, ihr lacht also über rohes Schweinehackfleisch und tragt weiße Socken zu Sandalen?" „Ähm. Ja!" „Mon dieu."

Immerhin wäre damit bewiesen, dass wir Humor haben. Da sind sich recht viele ja recht unsicher. Ganz sicher jedoch haben wir Kultur. Immerhin sind wir das Land der Dichter und Denker! Wir haben: Zurechtweisungskultur, Willkommenskultur, Abschiebekultur, Brotkultur, Trinkkultur und Meckerkultur, oh ja, Meckerkultur. Wir haben Erinnerungskultur. Wir haben Streit-, Gesprächs- und Debattenkultur, wobei die drei unter den aufbrandenden Kulturkämpfen sehr leiden, die werden nämlich meist sehr unkultiviert geführt. Vielleicht, weil es an Fehlerkultur fehlt. Vielleicht hängt das aber auch mit dieser Leitkultur zusammen, die gewisse Politiker erstaunlich verlässlich alle paar Jahre festdiskutieren wollen, als ob man definieren könne, was Deutsch sei zwischen Bodensee und Nordsee.

Aber ich schweife ab. Kultur hat bei uns jedenfalls Kult: Wo wir keine Kultur haben, da machen wir sie uns einfach. Im Bad zum Beispiel: Im Englischen sagen sie „sponge bag", im Spanischen „esponjera", im Deutschen: Kulturbeutel. Da läuft einem doch die Zahnpasta in der Tasche aus. Wir haben so viel Kultur, dass wir gar nicht mehr wissen, was wir damit meinen. Und dann sehen wir sie auch noch sehr schnell bedroht. Blöd, dass wir da keine Versicherung für haben. Dafür versichern wir uns gegen alles andere: Wir versichern uns für den Krankheitsfall, bei Schäden, wir versichern unser Haus und unsere Möbel, unser Auto, unser Leben, unsere Berufsfähigkeit, wir versichern uns, um andere kostengünstig verklagen zu können, wir versichern uns gegen Unfälle, gegen Regen und bei Reisen, wir versichern uns beim Oktoberfest gegen Alkoholspätfolgen – und manche versichern sich gar, falls sie eines Tages von Aliens werden entführt werden sollten.

Deutsche sind fünf Minuten vor der Zeit vor Ort. Im Urlaub sogar mal eine Stunde, um das Handtuch auf die Liege zu legen. Wir sind die, die die Rechnung am Ende stets centgenau auf alle aufteilen, die sogar nachts an roten Ampeln stehen bleiben, die ihren Autos *liebevolle* Namen geben und aggressiv mit ihnen fahren.

Wir sind der erste Papst, der lebendig gekündigt hat.
Wir machen weltweit das beste Brot.
Wir sind fleißig, ordentlich und haben Disziplin.
Wir sind Energiewende.
Wir exportieren, was wir produzieren, in alle Länder (quasi Qualität „Mett in Germany").

Unsere Waffen feuern überall auf der Welt.
Unsere Autos fahren überall in der Welt.
Und wir reisen hinterher, weil wir's können.
Und nach der Arbeit machen wir Feierabend, den gibt es sonst auch nirgends.

Doch was wir als Alleinstellungsmerkmale wähnen, entlockt anderen Völkern bloß ein Gähnen; Die Spanier feiern schon nachmittags mehr, in Skandinavien sind die Menschen viel versicherter, die arabische Sprache dichtet viel bildreicher und poetischer, in der Energiewende wurde uns längst der Rang abgelaufen, in Tschechien brauen sie besseres Bier und können mehr saufen. In China ist Fleiß viel weiter verbreitet, in Japan werden selbst die Züge sekundengenau geleitet.

Was uns am Ende bleibt für das deutsche Etikett sind Kulturbeutel, Brot und Witze über Mett. Dabei sind wir uns so unähnlich, wir Deutschen:
Im Norden herrscht trockener Humor,
im Süden frohes Nörgeln vor.
Im Westen wissen sie's immer besser,
im Osten baden alle immer nackt.
Es ist vertrackt.

Nun gibt es Menschen, die fliehen zu uns und suchen hier eine neue Heimat. Es gibt Menschen, die fliehen vor uns und suchen anderswo eine neue Heimat. Und es gibt Menschen, die sagen von sich, dass sie ihre Heimat schützen wollen. Aber das sind

dann nicht diejenigen, die im Wald den Müll ein-
sammeln. Das sind diejenigen, die durch die Straßen laufen und jeden verprügeln, der längere Haare
oder dunklere Haut hat. Das sind diejenigen, die
sich lauthals über die anderen Heimatsuchenden
beschweren. Und zwar mit Kebabsoße am Kinn.
Für sie ist Heimat ein Bunker, den sie im Kampf
der Kulturen verteidigen müssen. Notfalls mit der
Waffe in der Hand. Wer sein Vaterland in solchen
Ehren hält, sorgt sich selten um die anderen Kinder
von Mutter Erde. Solchen extremen Heimscheißern
sollten wir heimleuchten, wann immer wir ihnen
begegnen.

Denn Heimat bedeutet nicht Vaterland und
schon gar nicht Nation, sie liegt begründet in einer
kleinen Region. Es stimmt schon: erst werden wir
hineingeboren, später haben wir sie auserkoren,
haben einen fremden Ort zu *unserem* Ort gemacht,
Heimat fortan im Plural gedacht.
Heimat gibt es nicht im Singular.
Heimat kann Brücken bauen und Bunker.
Heimat heißt, sich erinnern an einen Ort, der so nie-
mals existiert hat. Sie ist eine ferne Sehnsucht am
Horizont, zu der hin wir jeden Tag aufbrechen, ist
Utopie.

Und so bleibt nach diesem Text ein Ideal:
Wenn die Wahl steht zwischen Humor und Hetze,
dann wähle ich selbst als Veganer die Mettwitze.

Heimat,
im Herzen,
im Hier,
im Jetzt,
an jedem Ort,
zu jeder Zeit,
Grenzen überschreitend,
ein Gefühl, das immer bleibt?

Alle Autor*innen

Anna Lisa Azur

Hanna Flieder

Felicitas Friedrich

Marcel Ifland

Michael Jakob

Björn H. Katzur

Robert Muecke

Elias Raatz

Emily Schilz

Bücher von unseren Autor*innen

Eberhard Kleinschmidt

Eberhard Kleinschmidt versendet bereits seit über zwanzig Jahren seine poetischen Neujahrsgrüße. Hier sind alle in einem Sammelband vereint.

Der etwas andere Neujahrsgruß
Gedichte zum Jahreswechsel
ISBN: 978-3-98809-000-3 | 12,95 EUR (DE)

Alle Autor*innen

Dominik Heißler

Sven Hensel

Annika Hofmann

Evelyn Krutsch

Matti Linke

Klaus Urban

Katharina Wenty

Sadaf Zahedi

Bücher von unseren Autor*innen

Theresa Sperling

Theresa Sperling, **zweifache deutsch-sprachige Meisterin im Poetry Slam,** präsentiert in ihrem Sammelband alle 33 lyrischen Slamtexte aus 2014–2024.

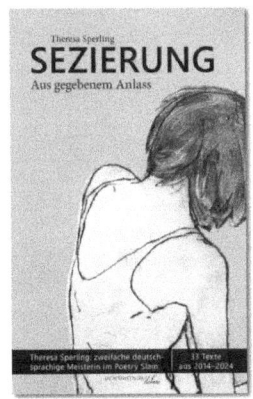

Sezierung
Aus gegebenem Anlass
ISBN: 978-3-98809-015-7 | 16,00 EUR (DE)

Weitere Bücher aus ...

... unserer Themenband-Reihe

„**Hanf aufs Herz**" über Cannabis, Alkohol und weitere Drogen. Gönnen Sie sich einen literarischen Kick – 100 Prozent legal und ohne Rezept! Lassen Sie sich in eine Welt entführen, in der Realität und Rausch verschmelzen – mit facettenreichen Texten von legalen über halblegale bis hin zu illegalen Drogen sowie ihren Bann aus Abgründen und Abenteuern. Warnung: Macht süchtig!

„**Coole Stimmen für einen heißen Planeten**" über Klima, Natur und Umweltschutz. Klimawandel, Naturzerstörung und der Kampf um Umweltschutz sind globale Herausforderungen. Noch nie lagen Dystopie und Utopie so nah beieinander, selten war der Homo Sapiens näher an seiner eigenen Selbstvernichtung. Geschichten, Gedichte und Gedanken und ein Funken Hoffnung.

Themenband 3
ISBN: 978-3-98809-009-6
12,95 EUR (DE)

Themenband 4
ISBN: 978-3-98809-023-2
12,95 EUR (DE)

www.dichterwettstreit-deluxe.de

DICHTERWETTSTREIT *deluxe*

Unser gesamtes Programm gibt's unter:
www.dichterwettstreit-deluxe.de/shop

www.dichterwettstreit-deluxe.de

facebook.com/DichterwettstreitDeluxe

@dichterwettstreit_deluxe